한 줄의 반짝임

한 줄의 반짝임

2025년 9월 17일 초판 1쇄 인쇄
2025년 9월 23일 초판 1쇄 발행

지은이	정이숙
펴낸이	조시현
기 획	정희용

펴낸곳	도서출판 바틀비
주 소	서울시 마포구 동교로8안길 14, 미도맨션 4동 301호
전 화	02-335-5306
팩시밀리	02-3142-2559
출판등록	제2021-000312호

홈페이지	www.bartleby.kr
인스타	@withbartleby
페이스북	www.facebook.com/withbartleby
블로그	blog.naver.com/bartleby_book
이메일	bartleby_book@naver.com

ⓒ 정이숙, 2025
ISBN 979-11-91959-44-4 03800

책값은 뒤표지에 있습니다.
잘못된 책은 구입하신 서점에서 바꿔드립니다.

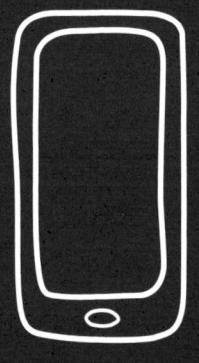

한 줄의 반짝임

광고 카피가 알려 주는
일상 속 글쓰기의 비밀

정이숙 지음

스마트폰 시대의
글쓰기 시리즈 2

들어가며

광고 카피, 도처에 널려 있는 공짜 글쓰기 교과서

2023년 문화체육관광부가 실시한 국민독서실태조사에 따르면 우리나라 성인의 '연간 종합 독서율', 즉 종이책, 전자책, 오디오 북 중 한 가지 이상 읽거나 들은 비율은 43%였다. 연간 종합 독서량은 3.9권이었다. 2021년 조사에 비해 각각 4.5%, 0.6권 줄었다. 성인 두 명 중 한 명은 1년간 책을 한 권도 읽지 않았다는 얘기다. 이는 OECD 국가 중 최하위권에 속하는 수치다. 책을 읽지 않은 이유로는 '일 때문에 시간이 없어서'(24.4%), '다른 매체·콘텐츠 이용'(20.6%) 등이 꼽혔다. 한국인에게 책은 이미 너무나 먼 존재가 되어 버렸다.

많은 사람들에게 이미 남의 일이 되어 버린 책을 그래도 읽어야 하는 이유가 뭘까? 책 읽기의 장점은 여러 가지가 있다. 그중에서도 재미있는 것은 독서에 스트레스 완화 효과가 있다는 것이다. 독서할 때 뇌 활동을 분석한 여러 연구에 따르면, 음악 감상, 운동 등 다른 취미 활동보다 독서의 스트레스 완화 효과가 훨씬 크다고 한다. 단 10분의 독서만으로도 소란한 바깥과는 전혀 다른 세상을 경험하고, 도심 속에서 깊고 질 높은 휴식을 취할 수 있다는 것이다. 그러니 뇌를 쉬기 위해서라면 책을 읽는 것이 좋겠다.

하지만 글을 쓰고 싶은 욕구나 필요 때문에 꼭 글쓰기 방법에 대한 책을 읽을 필요는 없다. '광고'라는 글쓰기 교과서가 눈 닿는 모든 곳에 공짜로 널려 있기 때문이다.

국어사전에 따르면 광고는 "상품이나 서비스에 대한 정보를 여러 가지 매체를 통하여 소비자에게 널리 알리는 의도적인 활동"이다. 광고 업계에서 일하는 광고쟁이 입장에서 이야기하자면 "널리 알리는" 것만으로는 충분하지 않다. 광고의 최종 목표는 사람들이 지갑을 열거나 마음을 열게 하는 것이다. 소비자가 제품을 구매하도록 설득하거나, 브랜드나 서비스에 호감을 가지게 만드는 것이 광고의 목표다.

그 목표를 달성하기 위해서 광고는 눈에 잘 띄는 곳에 존재해야 한다. 광고는 소비자가 있는 곳 어디에나 있고, 소비자가 눈을 뜨고 있는 시간 언제나 존재한다. 길을 걷다 마주치는 간판이나 현수막도 광고이고, 버스 차체나 지하철 스크린도어에도 광고가 붙어 있다. 검색을 하기 위해 컴퓨터를 켜면 가장 먼저 우리를 반기는 것이 포털 사이트의 배너 광고이고, 핸드폰에서 연인보다 더 자주 내게 말을 거는 것도 광고이다.

광고에 쓰인 문안인 '광고 카피'를 주의 깊게 들여다보면 쉽게 글을 쓰는 요령을 배울 수 있다. 사람을 유혹하는 기술을 발견할 수 있고, 고정관념을 비트는 재치를 만날 수 있다. 단어 몇 개로 웃기거나 겨우 한두 줄로 눈물 핑 돌게 하는 문장이 카피에 존재하기도 한다. 어떻게 저런 생각을 했을까, 무릎을 치게 하는 발상이나 마음을 흔드는 촌철살인의 표현도 있다. 어디에나 아무 때나 존재하는 카피를 따라가다 보면 글쓰기의 방법이 보인다. 쉽게 읽히는 글, 남을 설득하는 글을 쓰는 방법과 만나게 된다. 물론 잘못된 카피도 있다. 못 쓴 카피는 그것대로 반면교사 노릇을 한다. 내가 광고 카피를 '공짜 글쓰기 교과서'라고 부르는 까닭이다.

글을 쓰고 싶은데 어떻게 써야 할지 막막할 때, 남들은 어떻게 쓰나 궁금할 때 핸드폰을 열어 보자. 배너 광고의 헤드라인, 라이브 방송의 제품 소개 글에 유혹하는 글쓰기의 힌트가 있다. TV를 틀고 TVCM이 하는 말에 귀 기울여 보자. 지갑을 열어 광고하는 제품을 사고 싶게 하는 카피를 만날 수 있다. 광고 카피는 쉽게 읽히는 글을 쓰고 싶은 사람, 특히 자신의 SNS 포스팅에 짧고 인상적인 한 줄을 남기고 싶은 사람들이 부담 없이 따라 하고 편리하게 활용할 수 있는 유용한 도구이다.

2025년 가을
정이숙

 차례

들어가며: 광고 카피, 도처에 널려 있는 공짜 글쓰기 교과서　　5

1장 내 문장의 메인 모델:
글의 주인공은 바로 곁에 있다

#01 나 1 내가 가장 잘 알면서 가장 잘 모르기도 하는 사람, '나'　　16
#02 나 2 나만 그런 것이 아니라 우리 대부분이 그렇다　　21
#03 아빠 아빠는 처음부터 아빠인 줄 알았다　　25
#04 엄마 나보다 나를 더 사랑하는 미련한 사람　　29
#05 옛사랑 첫사랑은 아직도 가끔 나를 떠올릴까?　　33
#06 술친구 오늘 나와 함께 마신 그이는 어떤 사람일까?　　37
#07 버킷 리스트 소원을 말해 봐, 아니 적어 봐!　　41
#08 이름 1 내가 나의 이름을 쓸 때 생기는 일　　45
#09 이름 2 내 이름을 지으며 부모님은 무슨 생각을 하셨을까?　　49

2장 내 문장의 비밀 병기:
맞춤법은 지키고 수사법은 장착하자

#10 **마침표** 점 하나 찍었을 뿐인데	54
#11 **쉼표** 쉼표가 있어야 쉴 때를 알겠네	58
#12 **말줄임표** 지금, '……'가 꼭 필요한 순간인가?	62
#13 **띄어쓰기** 띄어쓰기 앞에서 방심은 금물	66
#14 **은유** 내가 이미 쓰고 있는 수사법, 비유	71
#15 **운율** 혹시 내 안에 나도 몰랐던 작사가의 재능이?	75
#16 **라임** 폰을 놓고 손을 잡자	79
#17 **의태어** 없어도 뜻은 통하지만 있으면 문장이 생생해진다!	83
#18 **의성어** 의성어를 넣는 순간 활자가 소리를 낸다	87
#19 **이모지와 이모티콘** 글에 감정이 부족할 땐, 이모지로 채우자!	91

3장 내 문장의 공감 버튼:
반전의 한 수로 마음의 문을 열자

#20 **사투리** "전이랑 와인이랑 잘 어울린당께."	96
#21 **연상** 비 오는 날 실연과 김치전이 만나면	101
#22 **말장난** 유치하지만 재밌는 간질간질 말장난	105
#23 **자폭 개그** 심장이 두근두근 설레는 이유는?	109
#24 **패러디** 아임 유어 파더?	113
#25 **의인화** 밤에는 해도 자고 들판의 벼들도 잠을 잔다	117
#26 **새로운 표현** 누구나 하는 뻔한 표현은 노잼	121
#27 **난이도** 쉽게 쓰기가 더 어렵다	125

4장 내 문장의 실전 연습:
싫어도 꼭 써야 할 글, 쉽게 해결하자

#28 **쓰는 이유** 누구에게나 써야 할 이유가 하나쯤은 있다 · 130
#29 **독자** 누구에게 내 글을 읽게 할까? · 134
#30 **목적** 그때는 맞고 지금은 틀린 캠페인 · 139
#31 **진정성** 솔직한 처음 한 줄이 계속 읽을지 말지를 결정한다 · 143
#32 **길이** 길게? 짧게? 길이는 중요하지 않아! · 147
#33 **연애편지 1** 사랑에 빠지면 편지가 쓰고 싶어진다 · 151
#34 **연애편지 2** 나에게만 보이는 네 모습을 연애편지에 써 볼까? · 155
#35 **생일** 생일 축하 문자로 글쓰기 연습을 한다고? · 160
#36 **댓글** 댓글 한 줄로 쉽게 시작해 볼까? · 164
#37 **여행** 어쩌면 나도 여행작가? · 168

5장 내 문장의 꼴불견:
쓰기 전에 생각하고, 쓰고 나서 돌아보자

#38 **외국어** 보그 병신체와 판교 사투리 · 174
#39 **~것 같다** 확실한 건 없고, '~것 같다'만 많다? · 178
#40 **주어** 주어 찾아 삼만리? · 182
#41 **많다/적다, 크다/작다** 가능성은 적을까, 작을까? · 186
#42 **틀리다와 다르다** 우리는 모두 다르다, 그렇다고 틀린 것은 아니다 · 190
#43 **동어 반복** 동어반복은 제발 그만! · 194
#44 **과잉 존댓말** 문법을 파괴하는 과잉 존댓말 · 198

#45 **단문** 글에도 다이어트가 필요해! 202
#46 **어순** 알쏭달쏭, 도대체 어떤 단어를 꾸미는 걸까? 207

6장 내 문장의 기초 체력:
매일 조금씩 글 근육을 키우자

#47 **읽기** 읽기가 먼저다 212
#48 **낯설게 보기** 익숙한 것을 낯선 시선으로 보기 216
#49 **관찰** 쉽고도 어려운 '자세히'와 '오래' 221
#50 **밑줄 긋기** 밑줄 긋고 흉내 내기 225
#51 **비틀기** 똑바로만 보지 말고 삐딱하게 때로는 거꾸로 229
#52 **사전** 사전 없이 쓰는 글은 GPS 없는 지도 앱! 233
#53 **손글씨** 디지털 디톡스를 위한 손글씨 처방전 237
#54 **공간** 낯선 장소가 낯선 문장을 데려다줄지도 몰라 242
#55 **꾸준함** 세바시, 15분? 글바시, 15분! 246
#56 **퇴고** 글은 쓰는 것이 아니고 고치는 것! 250

나오며: 쓰기의 시대, 광고의 쓸모 254

일러두기
이 책에 '글쓰기의 좋은 예'로 인용한 광고 이미지와 카피 중 일부는 광고주께 연락이 닿지 않아 허락을 받지 못한 채 수록되었음을 알립니다. 해당 기업이나 관계자께서 연락 주시면 정중히 협의하여 필요한 조치를 취하겠습니다.

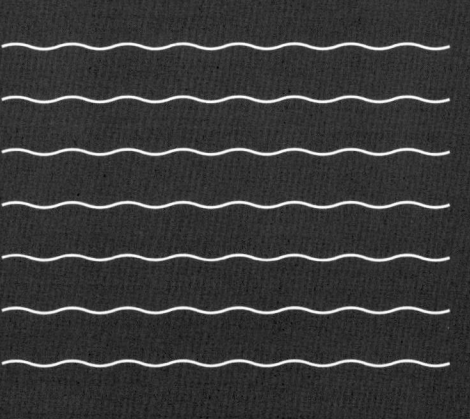

1장

내 문장의 메인 모델:
글의 주인공은
바로 곁에 있다

**가까이 있을수록
잘 보이지 않는 사람들,
그들을 불러내는
마음을 흔드는 문장들**

#01 _____ 나 1

프립_영상 광고_러닝전도사 안정은 편_2020

나는 인생 실패자였다.
6개월 만에 퇴사한 첫 직장.
비자 문제로 합격 취소된 승무원.
대인기피증, 우울증.
침대에서 1년간 나오지 않았다.
그날은 잠깐 바람을 쐬러 나갔고 눈물이 났다.
흘리는 눈물이 창피해 달리기 시작했다.
달렸다. 그다음 날도. 그다음 날도.
그렇게 150번의 마라톤 완주를 끝냈다.
나는 꽤 멀리 나아갈 수 있는 사람.
달리기 전엔, 단지 내가 누군지 몰랐을 뿐.
대단한 시작은 없어. 시작이 대단한 거지.

내가 가장 잘 알면서
가장 잘 모르기도 하는 사람, '나'

 나는 어떤 사람일까? 나는 가끔 내가 누구인지 모르겠다. 아직도 내가 궁금하다. 내가 생각하는 나의 모습이 진짜 나인지 확신이 없다. 내 안에는 상반된 생각을 하는 두 사람이 존재하기도 한다. 만나는 상황과 사람에 따라 다른 얼굴이 될 때도 있다. 혈액형이 설명하는 내 성격을 열심히 읽어 보고 MBTI 검사를 몇 번씩 해 보지만 나에게 나는 아직도 궁금한 대상이다. 맞기도 하고 틀리기도 한 성격 검사 결과를 읽으며 듣기 좋은 설명만 나라고 생각한다. 남들이 인사치레로 하는 칭찬을 진짜라고 덥석 믿어 버리기도 한다.

 MBTI 검사보다 '나'를 잘 알게 하는 일은 나 스스로에 대해 글을 써 보는 것이다. 내가 좋아하는 것의 목록을 만들고 그것을 좋아하는 이유를 써 내려가 보자. 나의 하루를 꼼꼼하게 적으며 어떤 일에 가장 많은 시간을 썼는지 헤아려 보자. 내가 한 일과 만난 사람을 나열하고 그때 내가 한 말과 나의 기분을 적어 보자. 내가 모르는 나의 모습을 발견할 수도 있고 내가 숨기고 있는 성격을 만나게 될 가능성도 있다.

글을 보면 글쓴이가 보인다. 개인 SNS에 쓴 글을 보면 글쓴이가 무슨 생각을 하고 무엇을 먹는지 어떤 장소에 가는지 알 수 있다. 글을 쓰는 일은 의도하지 않아도 나를 드러내는 일이다. 글쓴이에게는 나를 발견하는 일이기도 하다.

호스트를 중심으로 운영되는 취미·여가 플랫폼 프립의 광고에는 내 안의 나를 발견한 보통 사람이 모델로 등장한다. '러닝전도사'라는 직업을 새로 만든 안정은의 에피소드를 보자. 그녀는 대학 졸업 후 전공에 맞춰 사회에 첫발을 내디뎠지만 적성에 맞지 않아 6개월 만에 그만뒀다. 그다음에는 오랜 꿈이었던 항공사 승무원 시험에 합격했는데 비자 문제로 취소되고 1년을 백수로 지내야 했다. 꿈을 제대로 펼쳐 보지도 못한 채 마음을 접어야 했던 때 우연히 만난 달리기는 그의 인생을 바꿔 놓았다.

처음 달린 지 6개월 만에 풀 코스를 완주한 그는 마라톤 풀 코스, 철인 3종 경기, 27시간 동안 한라산 111킬로미터 종주 등에 끊임없이 도전했다. 달리기로 성취감을 맛볼수록 자존감은 높아졌다. 하고 싶은 일이 있으면 망설이지 않고 도전하게 되었다. 그 결과 지금은 러너, 마라토너, 칼럼니스트, 강연자, 모델 등 다양한 영역에서 활약하고 있다.

짧은 몇 줄일 뿐인데 프립의 카피에는 울림이 있다. 실제로 겪은 일을 군더더기 없이 솔직하게 정리했기 때문이다. 기교나 꾸밈없이 절제해서 썼기 때문이다. 무엇을 써야 할지 막막하다면 나 자신에 대해서 써 보자. 아니 글을 쓰고 싶다면 다른 주제에 대해 쓰기 전에 먼저 스스로에 대해 쓰는 것을 권하고 싶다.

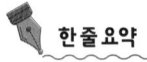 **한줄요약**

나에 대해 묻고, 나에 대해 써 보자.

#02 _____ 나 2

서른에 알았다.
결혼은
누구나 하는 건 줄 알았는데
아무나 할 수 있는 건
아니라는 것을….
20대 땐 몰랐다.
용기의 문제인 줄 알았는데,
이젠 현실의 문제도 있다는 것을.
독립은 했지만 자립은 못 했고
하루하루 버티다 보니
세월만 가고 있다.
평범하게 살기 싫었는데
평범하게 살기도 버겁다.

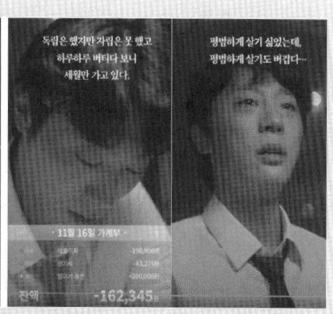

KB국민은행_영상 광고_서른의 맞춤법_2020

나만 그런 것이 아니라
우리 대부분이 그렇다

    KB국민은행 광고의 주인공은 서른이 된 회사원이다. 원룸에 혼자 살고 있는데 대출 이자와 생활비를 내면 엄마가 생일이라고 보내 준 용돈이 들어와도 잔고는 마이너스다. 전셋집 구할 길이 막막해서 결혼하고 싶었던 여자 친구와 헤어졌고, 좀 더 조건이 좋은 직장을 찾기 위해 경력직 채용 공고를 검색한다. 새벽 한 시가 훌쩍 넘어서까지 잠 못 들어 뒤척이고, 같은 날 새벽 여섯 시 알람으로 시작된 긴 하루를 마치고 귀가한다. 그의 나이는 겨우 서른이다. 어둠이 가득 찬 좁은 집에 넥타이도 풀지 않고 멍하니 앉아 그는 속으로 중얼거린다. 독립은 했지만 자립은 못 했고, 평범하게 살기 싫었는데 평범하게 사는 것조차 버겁다고.

    광고 속 젊은이의 모습에 내 아이가 겹쳐 보였다. 돌이켜

보면 서른 즈음의 나는 이제 모든 것이 정해져 버렸다고 생각했다. 직업을 가졌고 결혼을 했고 아이를 낳았고 대출이 70%였지만 집을 샀으니, 그런 확신을 하는 것이 어쩌면 당연했다. 한 세대가 흘러, 지금 서른이 된 내 아이는 그중 어느 것 하나 정해지지 않은 불확실한 현실에 놓여 있다. 다른 많은 서른들처럼….

4분이 넘게 이어진 광고의 조회 수가 두어 달 만에 655만 회를 넘어섰다. 영상 아래에는 또래들의 공감 댓글이 줄줄이 달려 있다.

> "대사 하나하나가 가슴에 꽂히네요. 너무 현실적이고 이 시대 청년들을 가장 공감하고 있는 광고가 아닌가 싶습니다. 이 광고를 보는 모든 청년들 힘내 봅시다. 응원합니다."
> "나만 그런 줄 알았는데 우리 대부분 그렇구나."
> "인스타 보면 나만 빼고 다들 잘사는데 나는 해 놓은 게 하나도 없는 거 같고 결혼도 집도 하루하루 버티는 삶인 거 같습니다. 괜히 짜증만 늘고. 광고를 저를 보고 만든 거 같아서 신기해서 찾아봤습니다."

이 광고가 엄청난 조회 수를 기록하고 수많은 댓글이 달린 이유는 서른 즈음이 처한 상황과 심정을 솔직하게 이야기했기 때문이다. 내가 가진 좋은 것만 자랑하는 사람들이 대다수인 세상에서 변변치 않은 경제 상황과 고민을 숨기지 않고 드러냈기 때문이다. 그리고 그 고민이 동시대를 사는 또래들이 함께 겪고 있는 현실이기 때문에 커다란 공감을 불러일으킨 것이다.

잘 모르는 남의 얘기를 쓰는 것보다 가장 내밀한 나의 이야기를 쓰는 것이 공감을 얻는 글쓰기의 시작이다.

한줄요약

나의 감정, 나의 느낌, 나의 이야기를 솔직하게 쓰자.

#03 _____ 아빠

아버지라는 이름의 전사의 몸

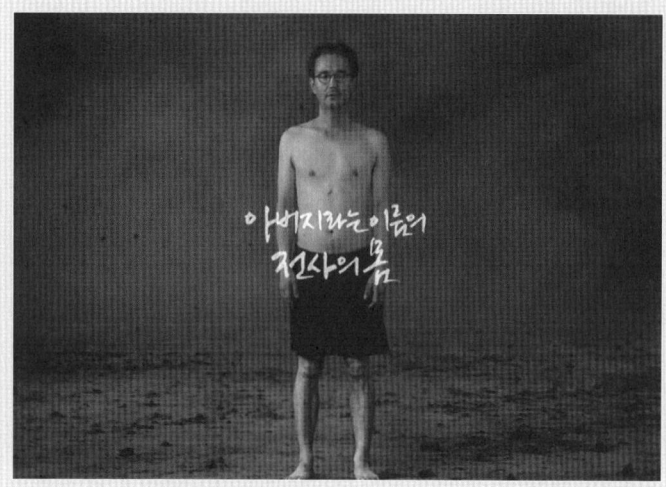

대웅제약_영상 광고_우루사 전사의 몸 편_2013

아빠는 처음부터
아빠인 줄 알았다

아빠가 돌아가신 지 30년이 다 되어 간다. 나는 엄마보다 아빠를 더 많이 닮은 큰딸이다. 그런데 지금은 거울을 봐도 내 얼굴에서 아빠의 모습을 찾을 수 없다. 아빠와 나눈 대화도 아빠랑 함께했던 일도 거의 다 희미해져서 아득히 멀다. 핸드폰이 없던 때라 사진이 많지 않고, 아빠와는 살가운 얘기를 나눈 적도 별로 없다. 아니, 어렸던 나는 아빠가 궁금하지 않았고 아빠의 꿈이나 취미, 친구를 알지 못했다. 아빠는 그냥 처음부터 아빠로 존재한 줄 알았다. 아빠가 돌아가셨던 나이가 되어서야 우리 아빠 참 외로우셨겠구나, 짐작한다.

대웅제약의 우루사 광고 속 아저씨에게서 아빠를 본다. 근육이 빠져나간 가느다란 종아리와 물렁한 뱃살, 듬성한 머리숱의 초라한 몸의 남자가 바로 우리 아빠처럼 보인다.

이것은 몸

이것은 뽐내기보다 견디기 위한 몸

사랑받기보다 사랑하기 위한 몸

야근과 잔업에 굴하지 않으며

음주에도 휘청이지 않는 몸

이것은 날아오는 화살을 묵묵히 견디며

내리는 비를 대신 맞는 몸

이것은 쉽게 아프다 하지 않으며

아파서도 안 되는 몸

이것은 시련에 익숙하며

지켜야 할 게 많은 몸

이것은 가족을 묵묵히 짊어지고

세상과 홀로 싸워 온

그래서 누구도 감히 얕볼 수 없는

아버지라는 이름의 전사의 몸

평생 온몸으로 가족을 부양해 온

대한민국 아버지를 응원합니다.

아빠에 관해 내가 알고 있는 것을 써 보자. 아빠가 좋아하는 색깔이나 좋아하는 계절이 무엇인지 알고 있는 자식은 의외로 많지 않을 것이다. 아빠가 미웠던 기억에 대해 쓰자. 아빠가 있어서 안심했던 경험을 쓰자. 자전거 타는 법을 가르쳐 주고, 놀이공원에 데리고 갔던 아빠. 휴일이면 소파와 한 몸이 되기도 했던 아빠. 술에 취해 들어와 우두커니 앉아 있던 아빠. 시험이 끝난 날, 성적을 묻지 않고 먹고 싶은 것을 물었던 아빠. 나의 입학식이나 졸업식, 생일날에는 사진을 찍어 주느라 화면에는 거의 보이지 않는 아빠. 아빠의 머리칼에서 흰머리를 발견한 날에 대해 써 보자. 아빠가 되고 버려야 했던 아빠의 소년, 아빠의 청년에게 다정한 인사를 보내자.

한줄요약

아빠에 대해 쓰자.

#04 _____ 엄마

당신의 어머니가 되기 전에,
그녀는 한 사람으로서 존재했습니다.

텔레플로라_TVCM_MotHER: A Teleflora Love Story_2024

나보다 나를 더 사랑하는
미련한 사람

 엄마는 요양 병원에 누워 계신다. 뇌출혈로 쓰러져 중환자실에 입원한 뒤 일반 병실을 거쳐 요양 병원으로 가는 동안 상태는 전혀 나아지지 않고 있다. 눈을 뜨고 있는 시간보다 감고 있는 시간이 훨씬 더 길다. 음식을 씹지도 삼키지도 못하니 액체 형태의 끼니를 콧줄로 잡수신다. 그런 것도 먹는다고 할 수 있는지는 모르겠다. 아니 지금 엄마의 상태를 살아 있다고 말할 수 있는 건지 확신할 수 없다.

 아흔 살 엄마의 스무 살 때 사진을 본다. 늘씬하고 활달한 처녀가 활짝 웃고 있다. 커다란 눈망울에 장난기 가득하다. 아직 '엄마'가 아니었던 엄마는 무엇이든 할 수 있는 사람처럼 보인다. 나와 내 형제들은 엄마의 자유와 꿈을 먹으며 성장했다. 내가 자라 어른이 되는 동안, 엄마는 키도, 몸무게도 줄어서 아주 작은 사람이 되었다.

미국에 본사를 둔 꽃 배달 전문 회사 텔레플로라Teleflora의 어머니 날 광고에 우리 엄마가 있다.

> 당신의 어머니가 되기 전에, 그녀는 한 사람으로서 존재했습니다.
> 그녀는 눈을 반짝이며 세상을 바라보았고, 자유로웠습니다.
> 그녀는 야망이 있었고, 모험을 즐겼습니다.
> 그녀는 유쾌했고, 사랑스럽고 매력적이었습니다.
> 사랑에 빠지기도 했고, 상처를 주기도, 받기도 했습니다.
> 그녀는 끊임없이 나아갔고, 보이지 않는 벽을 부수며 한계를 넘어섰습니다.
> 한계를 밀어붙였고, 때로는 세상을 발칵 뒤집어 놓기도 했습니다.
> 그녀는 음악을 만들었고, 웃음을 만들어 냈습니다. 어쩌면 작은 마법을 부린 적도 있었죠.
> 그리고 그녀는 여전히 그 모든 것을 간직한 사람입니다. 그녀의 모든 순간을 축하해 주세요.

엄마를 생각해 보자. 가구처럼 달력처럼 필요한 자리에 늘 있는 것이 당연하다고 여겨지는 사람. 좋아하는 것도 싫어하는 것도 내세우지 않는 사람. 감기에 걸려도 허리가 아파도

누워서 앓지 않고 밥을 차리는 사람. 짜증 내고 투정을 부려도 끝없이 받아 주는 세상 단 한 사람…. 엄마라는 이름의 내 한 사람에 대해 꾸밈없이 써 보자.

엄마에 대해 쓰자.

#05 _____ 옛사랑

그날에서 멀어질수록, 당신을 더욱 만나고 싶다.

니카이도슈조_TVCM_꿈에서 만나요_2014

첫사랑은 아직도
가끔 나를 떠올릴까?

벚꽃잎이 와르르 쏟아져 내리면 생각나는 사람이 있다. 낯선 골목을 지나갈 때 코끝을 스치는 익숙한 커피 향기가 소환하는 기억이 있다. 지금은 어느 먼 곳, 내가 도저히 닿을 수 없는 곳에 있는 사람이 왈칵 보고 싶어질 때가 있다. 그는 바로 헤어진 옛사랑이다. 사소한 오해 때문이었나? 왜 헤어졌는지 그때는 심각했던 이유조차 잊었는데, 별리의 쓰라림은 시간이 흘러도 가슴 깊은 곳에 남아 있다. 1866년 설립된 일본의 오래된 양조장 니카이도슈조_二階堂酒造의 TV 광고 카피에서 옛사랑을 추억하는 마음을 만났다.

그날에서 멀어질수록, 당신을 더욱 만나고 싶다.
수많은 색이 겹쳐, 결국은 흑백이 되어 버린 날들.

달콤하면서도 씁쓸했던….
그 모든 순간이 새겨진 그곳을, 나에게 알려 줘.
한 걸음 나아가면 한 걸음 멀어지며, 그날이 되살아난다.

인간의 기억은 정확하지 않다. 왜곡되고 각색되며 선택적으로 기억되기도 한다. 처음에는 선명하고 찬란했던 장면도 시간이 지나면서 점점 흐려져 마침내 흑백의 추억으로 남기도 한다. 그러나 시간이 흐를수록, 오히려 더 또렷해지는 기억도 있다. 말을 걸 수도 없게 단호하게 돌아서던 뒷모습, 지워지지 않는 카톡의 숫자 1, 끝내 받지 않던 전화가 여전히 심장을 후벼 파는 것 같다. 그렇게 상처를 받았는데도 함께 걷던 계단이나 자주 가던 술집, 딱 한 번 찾았던 해변이 가끔 궁금하다. 다시 가 보고 싶을 때가 있다.

지나간 사랑에 대해 쓰자. 한때 사랑했던 사람에 대해 쓰자. 삶이 언제나 앞으로만 나아가는 것은 아니다. 문득 지나간 마음을 돌아보게 되었다면 그 기분을 글로 옮겨 보자. 쓰는 일은 때로는 기억을 거슬러 걷는 일이다. 더는 닿지 않는 사람을 향해 마음을 조용히 뻗어 보는 일이다. 나만 아는 마음을 사각사각, 나만 읽을 수 있는 언어로 적어 두는 일이다.

글을 쓰는 동안, 그 사람은 다시 나를 스쳐 지나간다. 달콤하고 쓸쓸한, 나를 조금 더 어른이 되게 했던 그 시절 그 사람! 이제는 말할 수 있는 이야기, 이제는 꺼내도 괜찮은 마음을 쓰는 일은 미련이 아니다. 나를 지나간 옛사람에게 보내는 소리 없는 안부다.

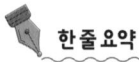 **한줄요약**

헤어진 연인에 대해 쓰자.

#06 _____ **술친구**

저 사람도, 한잔해 보면 좋은 사람일지도 몰라.

산토리 위스키_신문 광고_창립 100주년 기념_1999

오늘 나와 함께 마신 그이는
어떤 사람일까?

1999년, 산토리 위스키는 창립 100주년을 맞아 한 편의 인상적인 신문 광고를 내놓았다. 광고 속에는 정장을 입은 중년의 남성이 진지하면서도 어딘가 익살스러운 표정으로 잔을 들고 있다. 그 위에 놓인 문구는 짧지만 묵직하다. "그 사람도, 한잔해 보면 좋은 사람일지도 몰라." 이어지는 카피에는 인간관계의 본질이 녹아 있다.

좋은 사람이라고 생각하고 마시면,
좋은 사람이기 때문에 놀라지 않아.
'좀… 그래.'라고 생각하고 마셨는데,
좋은 사람이라면 기쁘지.
세상엔 그런 일이 꽤 있는 것 같아.

살다 보면 참 다양한 사람을 만난다. 그 만남 속에서 우리는 특별한 근거도 없이 타인을 판단하고 단정한다. 내가 만난 사람이 만약 날카로운 눈매나 무뚝뚝한 표정, 차가운 말투, 위압적인 체구나 시선을 피하는 태도를 가졌다면, 그는 '불편한 사람'이라는 결론을 내린다. 하지만 그런 사람과도, 어느 날 우연히 따뜻한 조명 아래 마주 앉아 잔을 기울이며 이야기를 나누다 보면 생각이 바뀔 때가 있다. '아, 이 사람, 나쁜 사람은 아니구나', '그동안 내가 너무 겉만 보고 판단했나?' 하는 경우도 생긴다. 산토리 위스키는 긍정의 렌즈로 사람을 바라보라는 얘기를 따뜻한 카피와 선뜻 가까이하기 어려워 보이는 모습의 모델을 대비시켜 재미있게 전하고 있다.

세상에는 수없이 많은 술자리가 있다. 즐겁고 유쾌한 자리도 있고 정말 싫은 술자리도 있다. 술을 마시지 않는 사람이라도 회식이나 여러 모임에 따라오는 술자리를 피하기는 쉽지 않다. 별로 내키지 않는 술자리에 가야 한다면 글의 소재를 찾기 위해 간다고 생각하자. 그리고 술자리를 함께한 사람에 대해 써 보자.

술자리에서 제일 말이 많았던 사람에 대해서 쓰자. 유난히 한마디도 하지 않았던 사람의 사정을 상상해서 써도 좋겠다. 한잔 같이 하고 싶은 사람에 대해 써 보자, 같이 마시기 싫은 사람에 대해서도 쓰자. 싫어도 참고 써 보자. 나의 취한 모습을 알고 있는 마음 편한 술친구에 대해서 쓰자. 딱 열 줄만 쓰자, 다음번 술자리가 더 유쾌해질 것이다.

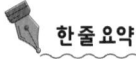
한줄요약

술친구에 대해 쓰자.

#07 _____ 버킷 리스트

어릴 적 단골집을 찾아가자.
오래된 사진들을 모아 앨범을 만들자.
별자리를 공부해 이름을 불러 보자.
또 한 번 연극 무대에 서 보자.
늘 미안한 아내와 둘만의 여행을 떠나자.

프리드라이프(구 좋은라이프)_TVCM_박근형의 엔딩노트_2016

소원을 말해 봐,
아니 적어 봐!

 몇 년 전, 지금은 '프리드라이프'로 이름을 바꾼 상조 회사 '좋은라이프'는 '과거의 기억과 현재의 시간 그리고 사후의 준비'라는 3가지 테마로 구성된 '엔딩노트'를 만들어 고객들에게 나눠 줬다. 기억하고 싶은 과거와 현재 하고 싶은 일을 적고, 유언이나 자산 정리 등을 기록하는 공책이다. 동시에 '엔딩노트'라는 제목으로 TV 광고도 세 편 만들어 내보냈는데 광고 모델은 영화 배우 문숙, 박근형, 성동일 세 사람이었다.

 그중 박근형 편은 그의 버킷 리스트 bucket list를 소재로 하고 있다. 모닥불만 타닥타닥 소리 내며 타고 있는 고요한 호숫가, 텐트에서는 아늑한 불빛이 새어 나오고 낚싯대를 드리운 박근형은 살아 있는 동안 하고 싶은 일들을 하나씩 적는다. 그의 소망 목록에 거창한 것은 하나도 없다. 평생 배우로 살아온 사람답게 연극 무대에 서고 싶다는 희망이 남과 다를 뿐 나머지는 모두 소박하고 어렵지 않다.

나도 몇 년 전, 손바닥만 한 노트를 하나 장만해서 '욕심 공책'이라고 이름 붙이고 죽기 전에 하고 싶은 일들을 적었었다. 열 개 정도 목록을 적다가 흐지부지하고 말았지만, 욕심 공책에 하고 싶은 일을 적는 그 순간은 꿈에 부풀어 두근거릴 수 있었다.

글에는 힘이 있다. 누구나 좋아하는 사람의 이름을 몇 번이고 반복해서 썼던 기억이 있을 것이다. 종이에 적힌 그 이름이 마치 살아 있는 것처럼 다정하게 혹은 쌀쌀맞게 느껴지기도 했을 것이다. 머릿속에서 생각만 하는 것보다 입 밖으로 말하는 것이 실현될 가능성이 크고, 글로 적으면 실천해야 하겠다는 의지가 생겨나기도 한다.

예쁜 공책을 하나 마련해서 버킷 리스트를 적어 보자. 되도록 가까운 미래에 하고 싶은 일을 적자. 매월 1일에 그달의 희망 목록을 적거나 계절이 바뀔 때마다 새 계절에 하고 싶은 일을 쓰는 거다. 그 일을 누구와 같이 할지 무슨 요일에 할지 상상력을 발휘해서 쓰자. 실제로 실현하지 못해도 상관없다. 만약 '우주선 타고 금성으로 여행 가기'가 버킷 리스트라면 현실에서는 불가능해도 상상 안에서는 얼마든지 가능하다. 재미있는 판타지 소설의 씨앗이 황당한 버킷 리스트에서 싹틀지 누가 알겠는가.

한줄요약

버킷 리스트를 적고 어떻게 이룰지 상상력을 동원해서 쓰자.

#08 _____ 이름 1

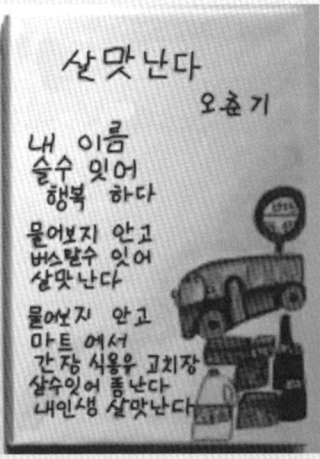

논산한글대학 어르신 212명 저, 논산시 기획_「살 맛 난다」,「내 이름 쓸 수 이따」_구름마_2020

살맛 난다

내 이름
슬 수 잇어
행복하다

물어보지 안고
버스 탈 수 잇어
살맛 난다

물어보지 안고
마트에서
간장 식용유 고치장
살 수 잇어 폼 난다
내 인생 살맛 난다

내가 나의 이름을 쓸 때
생기는 일

기역 니은 디귿 리을…, 아야어여…. 글씨를 처음 배우는 아이가 한글 자음과 모음을 모두 익힌 뒤 가장 먼저 써 보는 글자는 무엇일까? 아마도 자신의 이름이 아닐까 싶다. 누군가에게 불리기만 했던 이름을 내 손으로 직접 쓰고 읽을 수 있게 되면서 존재의 독립이 시작된다면 지나친 확대 해석일까? 공책에 써 있는 내 이름을 알아보고 내 물건에 내 이름을 직접 쓰는 일은 세상에 나의 존재를 당당하게 외치는 행동이라고 말하면 과장이 될까? 평생 까막눈으로 살다가 할머니가 되어 글을 깨우친 분들이 함께 낸 시화집을 보면 과장만은 아닌 것 같다.

『내 이름 쓸 수 이따』는 2016년부터 2019년까지 논산한글대학에서 글을 배운 노인 학생들의 시와 그림을 담은 책이다. 전쟁이나 가난 때문에 배움의 기회를 놓친 할머니들은 물건 이름을 읽을 수 없어 혼자서는 장보기도 힘들었고 은행 거래 할 때도 남의 도움을 받아야만 했다. 그러다가 글을 배워 이름을 쓸 수 있고 간장, 식용유, 고추장을 혼자서 척척 살 수 있게 되니 '폼 나는' 사람이 되었다고 느낀다. 글을 몰랐을 때는 '어둡게 산 세월'이었는데 이제는 '면사무소 가면 이름도 척척 조합에서 돈 찾는 것도 척척' 할 수 있고, 남편이 통장을 넘겨줘서 살림권까지 차지하게 되었다. 이름을 쓸 수 있게 된 할머니들은 "박순금 이만하면 출세했지요", "양옥순 호강하네"라며 기쁨을 표현하고 있다.

뭔가 쓰고 싶은 마음이 가득해 빈 공책을 펼쳤는데 막상 아무런 문장도 생각나지 않을 때는 내 이름을 쓰자. 기왕이면 예쁜 노트에 그림을 그리듯 알록달록 아름다운 색깔의 펜을 번갈아 사용해서 써 보자. 한 번 쓸 때마다 나의 이름으로 사는 동안 일어났던 일들을 생각하고, 다시 한번 적으면서는 내 이름을 불러 주었던 사람들을 떠올리면서 쓰자. 내 이름 옆에 나란히 나를 사랑한, 내가 사랑한 사람들의 이름을 적자. 할아버지 할머니 엄마 아빠의 이름을 쓰고 내가 이름 지어 주었던 강아지나 고양이의 이름도 써 보자. 그렇게 이름을 쓰다 보면 저절로 많은 추억이 생각나고 그 이야기를 쓰고 싶은 욕구가 생겨날 것이다.

　김춘수 시인이 「꽃」이라는 시에서 "내가 그의 이름을 불러 주었을 때 그는 나에게로 와서 꽃이 되었다"라고 읊었듯이, 내가 나의 이름을 불러 주는 순간, 아니 내가 나의 이름을 적는 순간 나는 또 하나의 나에게로 가서 꽃이 될 것이다.

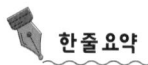
한줄요약

빈 공책 가득 스스로의 이름을 적어 보자.

#09 _____ 이름 2

이름은,
부모가 아이에게 보내는,
첫 번째 편지인지도 모른다.

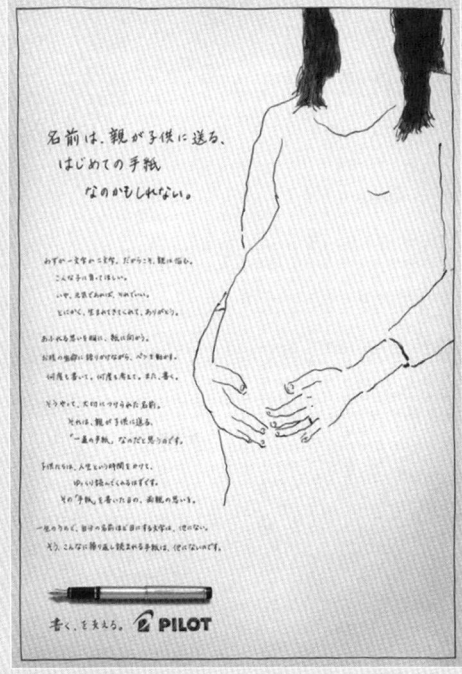

파이롯트_기업 광고_2012

내 이름을 지으며
부모님은 무슨 생각을 하셨을까?

나는 내 이름이 싫었다. 한 반에 맑을 숙淑으로 끝나는 이름을 가진 애들이 서너 명은 꼭 있을 만큼 특색 없는 이름이었다. 게다가 가운데 자는 특별한 뜻 없이 대명사로 쓰이는 너 이伊였다. 이름에 쓸 때는 주로 아름답고 부드럽다는 뜻으로 해석한다고 하지만, 사람들은 숫자 2를 먼저 떠올렸다. '언니는 일숙이냐, 동생은 삼숙이냐' 하는 놀림을 받을 때마다 얼굴이 빨갛게 달아올랐다. 내 부모님은 도대체 무슨 생각으로 이런 이름을 지으셨을까? 자식의 이름을 뭐라고 지을까 고민하는 부모의 마음을 표현한 광고를 보면서 내 엄마와 아빠의 마음을 짐작해 본다.

이름은, 부모가 아이에게 보내는, 첫 번째 편지인지도 모른다.

불과 한 글자에 의미와 기원을 담아야 하기에 부모는 고민한다.

이렇게 자라 주면 좋겠다.

아니야, 그냥 건강하기만 하면 그것으로 충분하다.

아무튼, 태어나 줘서 고마워.

넘쳐 나는 마음과 바람을 담기 위해, 종이를 마주한다.

신중한 마음이 춤추기 시작하고, 펜이 따라 움직인다.

여러 번 쓰고, 여러 번 망설이고 그리고 또 쓴다.

그렇게 해서, 정성스럽게 지어진 이름.

그것은, 부모가 아이에게 보내는 '한 통의 편지'라고 생각한다.

아이들은 인생이라는 시간을 들여, 그 편지를 천천히 읽어 가게 될 것이다.

그 이름을 지었던 날의 부모님의 마음을 문득문득 떠올리면서.

일생을 통틀어, 자기 이름보다 더 자주 보는 글자는 없다.

그리고 이렇게 여러 번 읽히고 또 읽히는 편지는, 다른 어디에도 없다.

쓰는 것을, 응원합니다. PILOT

내 아이의 이름을 지을 때가 생각난다. 엄마가 처음이었던 나는 작명소에 가는 대신 이름 짓는 책을 사서 열심히 공부했다. 한자의 발음과 의미를 살피고 획수를 세어서 건강과 행복을 가져올 것으로 풀이되는 이름을 하나 골랐다. 그렇게 정한 내 아이의 이름도 평범한 것이었고, 아이도 나처럼 자신의 이름을 싫어했다. 내 아이도 기도하는 마음으로 그 이름을 지었던 부모의 마음을 까맣게 모른 채 불평을 했으리라.

이름에 대해 써 보자. 평생 나와 뗄 수 없는 그림자 같은 존재인 내 이름에 얽힌 에피소드를 떠올려 보자. 내가 사랑하는 사람의 이름에 대해서도 쓰자. 종이 위에 몇 번이나 되풀이해 적었던 그 이름이 불러일으키는 추억을 써 보자. 내 이름을 내가 부르며 나에게 편지를 써 보자.

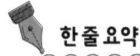
한줄요약

내가 가장 많이 읽고 쓰는 글자, 내 이름에 대해 쓰자.

2장

내 문장의 비밀 병기:
맞춤법은 지키고
수사법은 장착하자

단어와 문장에
생명을 불어넣는
올바른 문법과
수사법의 날개들

#10 _____ 마침표

Think different.

애플_슬로건_1997~2002

점 하나 찍었을 뿐인데

미국에서 널리 준수되는 AP Associated Press 통신의 신문 편집 스타일 지침은 기사의 헤드라인을 쓸 때 요점을 빠르게 전달하기 위해 마침표를 포함한 불필요한 구두점을 없애고 간결하게 작성하라는 것이다. 「워싱턴 포스트」나 「타임」 등 미국 신문과 잡지들은 AP 통신의 지침을 준수하여, 관행적으로 헤드라인에 마침표를 사용하지 않는다. 헤드라인이 깔끔하고 한눈에 쉽게 읽을 수 있어야 시각적 혼란을 피할 수 있고 독자의 주의를 필수 정보에 집중시키는 데 도움이 된다는 것이, 마침표를 찍지 않는 이유다.

신문 기사의 머리글에 마침표를 쓰지 않는 관행이 광고에까지 그대로 이어진 것인지 인쇄 광고의 헤드라인에는 마침표를 거의 찍지 않는다. 같은 맥락에서 영상 광고 자막에도 거의 마침표를 쓰지 않는다.

하지만 광고에 마침표가 쓰인 예가 아주 없지는 않다. 애플은 1997년 광고 대행사 TBWA를 통해 만든 슬로건 "Think different."를 인쇄 광고물, 포스터 등에 적용하면서 마침표를 사용했다. Think different, 즉 "다르게 생각하라"는 해고됐던 스티브 잡스가 애플로 복귀한 뒤에 만들어진 슬로건이다. 애플의 선배이자 경쟁자인 IBM이 1915년부터 회사의 철학으로 삼아 널리 사용하고 있던 "Think"라는 슬로건과 비교되기도 한다. IBM의 전 회장이자 CEO인 토머스 왓슨은 "지식은 생각Think의 결과이며, 생각은 이 사업이나 어떤 사업에서든 성공의 핵심입니다."라고 말했다고 한다. 애플은 그냥 생각하는 게 아니라 '다르게 생각'해야 한다고 IBM 슬로건에서 한 발 더 나가면서, 창의성, 개성 및 혁신의 이미지를 선점하는 데 성공했다.

애플의 마침표는 IBM이라는 강력한 경쟁자가 시장을 휘어잡고 있는 상황에서 존재감을 드러내는 강력한 도구로 작용했다. 마침표가 가지는 본래의 역할을 뛰어넘은 재미있는 결과다.

마침표는 문장이 끝났다는 것을 알려 주는 부호이다. 평서문과 명령문, 청유문은 물론이고 연도와 날짜 끝에도 찍어야 한다. 마침표가 있어야 문장은 끝난다. 그와 동시에 새로운 문장이 시작될 가능성이 생겨난다. 핸드폰 글쓰기가 일상화되면서 의식하지도 못하는 사이에 많은 문장에서 마침표가 사라졌다. 마침표 찍는 일을 게을리하지 말자. 내가 쓴 문장을 완성하는 일을 소홀히 하지 말자.

 **한줄요약**

문장을 맺을 때는 잊지 말자 마침표!

#11 _____ 쉼표

샘플처럼, 4일간 맘껏 타 보고
구매 결정하는 중고차

KB차차차_지하철 광고_KB차차차 홈배송_2025

쉼표가 있어야
쉴 때를 알겠네

지하철에 걸린 광고판에서 쉼표를 절묘하게 사용한 헤드라인을 보았다. 중고차 매매 사이트 KB차차차는 차를 사기 전에 4일 동안 미리 타 보고 결정할 수 있는 서비스를 제공한다. 차를 살지 말지 결정하기 전에 4일이나 마음껏 운전해 볼 수 있다면 믿을 만한 중고차를 고를 수 있을 것 같다. 미리 써 보고 마음에 들면 구매를 확정하는 서비스는 홈쇼핑에서 흔히 볼 수 있는 판매 전략이다. 화장품 세트에 적은 용량의 샘플을 끼워 주면서 샘플을 먼저 써 보고 마음에 안 들면 무조건 반품할 수 있게 해서 구매 장벽을 낮춰 주는 것이 그 예이다. KB차차차에서는 홈쇼핑의 화장품을 살 때처럼 단순 변심해도 반품이 가능하다. 이 특징을 쉽게 이해할 수 있도록 (화장품) '샘플처럼'이라는 단어를 사용하고 쉼표(,)를 찍었다. 문장이 훨씬 직관적으로 다가온다.

쉼표란 무엇인가? 시사상식사전에는 쉼표란 "어구를 나열하거나 문장의 연결 관계를 나타낼 때 문장에서 끊어 읽을 부분임을 나타낼 때 쓰는 ',' 형태의 문장 부호"라고 요약되어 있다. 한국어 어문 규정에는 쉼표의 열다섯 가지 용도가 나와 있다.

> "같은 자격의 어구를 연결할 때, 짝을 지어 구별할 때, 이웃하는 수를 개략적으로 나타낼 때, 열거의 순서를 나타내는 어구 다음에, 문장의 연결 관계를 분명히 하고자 할 때, 같은 말이 되풀이되는 말을 피하기 위해 일정 부분을 줄여서 열거할 때, 부르거나 대답하는 말 뒤에, 한 문장 안에서 '곧' 따위의 어구로 다시 설명할 때, 한 문장에 같은 의미의 어구가 반복될 때, 도치된 어구 사이에, 바로 다음 말과 직접적인 관계에 있지 않음을 나타낼 때, 문장 중간에 끼어든 어구의 앞뒤에, 특별한 효과를 위해 끊어 읽는 곳을 나타낼 때, 짧게 더듬는 말을 표시할 때 쓴다."

복잡해 보이지만 어문 규정을 검색해서 예문을 보면 금방 이해가 된다.

쉼표의 용도 15개를 굳이 다 외울 필요는 없다. 대개는 우리가 이미 자연스럽게 쓰고 있다. 하지만 명백하게 쉼표가 필요한 때 말고, 쉼표가 있으면 문장이 더 쉽고 자연스러워지는 지점을 찾아 사용하는 것은 온전히 글쓴이의 역량이다. 문장을 다 쓴 뒤에는 독자의 입장이 되어 소리 내어 읽어 보자. 어디서 끊어 읽어야 내가 쓴 의도가 가장 잘 살아나는지, 읽는 사람이 편안하게 느끼게 될지 생각해 보고 가장 알맞은 곳에 쉼표를 찍자. 그리고 잠시 숨을 고르며 쉰 다음에, 쉼표가 만든 변화를 음미하며 다시 읽어 보자.

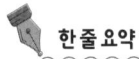 **한 줄 요약**

적절한 쉼표는 문장의 흐름을 자연스럽게 한다.

#12 _____ 말줄임표

아차차. 오늘은 내 차 쉬는 날!
고유가 에너지 위기 극복!
승용차 요일제 참여로...

공익법인 우리글진흥원_용산구청 엑스 배너_2018

지금, '……'가
꼭 필요한 순간인가?

휴대 전화와 SNS는 글쓰기의 많은 부분을 변화시켰다. 과거에는 글쓰기가 작가나 기자, 교수 등 특정한 직업을 가진 이들의 영역이었지만, 이제는 일반인도 다양한 플랫폼에서 시간과 장소에 구애받지 않고 일상적으로 글을 쓴다. 문장의 구조와 스타일도 변해서 짧고 간결한 문장, 단문 중심의 글이 보편화되었다. 또 약어, 신조어, 이모티콘, 이모지 등 비공식적이고 구어체적인 표현이 널리 사용되고 있다.

디지털 글쓰기, 좁게는 모바일 글쓰기라고 부를 수 있는 새로운 쓰기 형식이 일반화되면서 여러 가지 부작용이 등장하기도 했다. 맞춤법과 문법이 약화되고 심한 경우 파괴되고 있다. 단어의 자동 완성이나 자동 수정 기능이 있어서 철자나 문법적 정확성에 크게 신경 쓰지 않게 되었다. 심사숙고 없는 즉흥적 글쓰기, 가짜 뉴스의 확산, 표절도 SNS와 모바일 글쓰기의 부작용으로 지적된다.

디지털 공간에서 만나는 글쓰기의 흉한 모습 중 하나가 줄임표와 쉼표의 남용이다. 국립국어원 표준국어대사전에 따르면, 줄임표는 '……'의 이름이다. "할 말을 줄였을 때나 말이 없음을 나타낼 때, 또는 문장이나 글의 일부를 생략할 때, 머뭇거림을 보일 때" 쓰는 문장 부호다. 원래는 가운뎃점 6개(……)로 쓰는 것만 허용됐다. 그러다 2015년, 컴퓨터 입력을 고려하여 아래에 여섯 점(......)을 찍거나 세 점(...)만 찍는 것을 허용하도록 한글 맞춤법 일부 개정안이 시행됐다.

맞춤법에서 규정한 줄임표의 용도와 무관하게, 줄임표가 무수하게 많이 찍힌 문자 메시지나 SNS 댓글을 흔하게 본다. 줄임표가 들어가야 할 자리에 쉼표를 쓰는 경우도 있다. 줄임표 대신 쓰는 것이라 그런지 쉼표를 두세 개 혹은 그 이상 찍는 경우도 흔하다. 과하게 자주 쓰인 줄임표는 의사소통을 모호하게 만든다. 앞에 든 예시는 줄임표를 불필요하게 사용한 예이다. '승용차 요일제'에 참여하라는 설득이 자신 없는 말처럼 들리는 역효과를 내고 있다. 이 게시물에는 말을 생략하거나 여운을 주는 기능을 하는 줄임표가 필요한 것이 아니라 강력하게 주장하거나 설득하는 느낌표가 필요하다. '내차, 쉬는 날, 위기극복'도 모두 띄어쓰기가 틀렸다. 공공기관의 게시물인데 맞춤법이 틀리니 품격이 떨어져 보인다. 줄임표는 정말로 말을 줄여야 의미가 살아나는 순간에만 써야 한다는 점을 기억하자.

 한 줄 요약

내가 쓴 줄임표가 '생략, 여운, 흐름'이라는 본래의 목적에 부합하는가 고민하자.

#13 _____ 띄어쓰기

바래다줄게. / 바래? 다 줄게.
언제나 사랑해. / 언제 나 사랑해?

채널A 인스타그램

띄어쓰기 앞에서
방심은 금물

2023년 하반기부터 인스타그램, 트위터 등의 온라인 커뮤니티에 '띄어쓰기 밈'이 유행했다. 띄어쓰기에 따라서 문장의 의미가 달라지는 것을 이용해서 말장난을 하는 것이다. 포털에 '띄어쓰기 밈'을 검색하면 수많은 사례를 볼 수 있다.

너가 버렸잖아 / 너 가 버렸잖아

밤새운 거야? / 밤새, 운 거야?

사랑해, 보고 싶다 / 사랑, 해 보고 싶다

위의 사례가 보여 주듯 띄어쓰기에 따라 문장의 뜻이 완전히 달라진다. 따라서 정확한 의미 전달을 위해서는 띄어쓰기를 바르게 해야 한다.

재미있는 사실은 우리글에 띄어쓰기를 최초로 도입한 사람이 존 로스라는 영국인 선교사라는 것이다. 600년에서 800년 사이에 띄어쓰기와 맞춤법이 도입된 서구와 달리 동양에서는 띄어쓰기가 사용되지 않았다. 존 로스는 1877년 한국인 이응찬의 도움을 받아 외국인을 위한 한국어 교재 『조선어 첫걸음』을 만들었다. 여기에 최초의 한글 띄어쓰기가 도입되었는데 로스가 사용하던 영어의 띄어쓰기가 한국어 교재에 자연스레 반영된 것으로 알려져 있다.* 이후 1896년 최초의 한글판 신문인 「독립신문」이 발행되면서 띄어쓰기를 도입했고, 1933년 조선어학회가 한글 맞춤법 통일안을 제정하면서 띄어쓰기의 어문 규정이 하나씩 정립되기 시작했다.

현재 한글 맞춤법의 제1장 제2항은 '문장의 각 단어는 띄어 씀을 원칙으로 한다.'고 규정하고 있다. 제5장 띄어쓰기의 중요 내용은 다음과 같다.

> 제41항 조사는 그 앞말에 붙여 쓴다.
> 제42항 의존 명사는 띄어 쓴다.
> 제43항 단위를 나타내는 명사는 띄어 쓴다.

* 「국립한글박물관 소식지」_2017년 2월

제44항 수를 적을 적에는 '만萬' 단위로 띄어 쓴다.

제45항 두 말을 이어 주거나 열거할 적에 쓰이는 다음의 말들은 띄어 쓴다.

-겸, 내지, 대, 등, 및, 등등, 등속, 등지

제46항 단음절로 된 단어가 연이어 나타날 적에는 붙여 쓸 수 있다.

제47항 보조 용언은 띄어 씀을 원칙으로 하되, 경우에 따라 붙여 씀도 허용한다.

제48항 성과 이름, 성과 호 등은 붙여 쓰고, 이에 덧붙는 호칭어, 관직명 등은 띄어 쓴다.

제49항 성명 이외의 고유 명사는 단어별로 띄어 씀을 원칙으로 하되, 단위별로 띄어 쓸 수 있다.

제50항 전문 용어는 단어별로 띄어 씀을 원칙으로 하되, 단위별로 띄어 쓸 수 있다.

띄어쓰기는 어렵다. 같은 단어가 조사로도 쓰이고 의존 명사로도 쓰이는 경우가 많아 헷갈리기 일쑤다. 예를 들어 '만'은 조사로 쓰이면 '너만 간다'처럼 앞말에 붙여 쓰고, 의존 명사로 쓰이면 '하루 만에 끝냈다'처럼 띄어 써야 한다. 또, '우리나라', '책가방'과 같은 합성어는 두 단어가 합쳐져 하나의 단어로 굳어져 있으므로 붙여 써야 한다. 반대로 단위를 나타내는 말은 '책 세 권', '고양이 두 마리'처럼 띄어 쓰는 것이 맞다. 일상적인 글쓰기에서 이런 자잘한 문법을 놓치면 글의 가독성과 정확성이 크게 떨어질 수 있다. 실수하지 않으려면 쓸 때마다 사전을 찾아보는 것이 유일한 해결책이다.

 **한 줄 요약**

헷갈리는 띄어쓰기, 사전을 찾아보고 정확하게 쓰자.

#14 _____ 은유

재잘재잘 노란 개나리
평생 자식만 바라보는 해바라기

SK텔레콤_TVCM_기업PR_2007

내가 이미 쓰고 있는 수사법, 비유

'저요, 저요' 손을 번쩍 들고 있는 유치원 아이들 사진 위로 개나리가 살며시 나타난다. 사진 위로 나타나는 자막, "재잘재잘 노란 개나리". 버스 정류장에서 누군가를 기다리는 할머니 사진 위에는 "평생 자식만 바라보는 해바라기"라는 자막이 꽃과 함께 써진다. 오래전 한 통신사 광고의 한 장면이다. 와글와글 아이들의 표정에서 개나리가 연상되고 노모의 눈빛은 해바라기를 떠오르게 한다. 이 광고에서는 금방 웃음이 터질 것 같은 여고생들을 "찬란한 봄을 기다리는 목련"이라고 비유했다. 자애로운 미소로 아이들의 손을 잡고 있는 수녀님은 "영혼까지 맑은 백합"이고 오랜 세월 함께한 아내는 "아직도 내겐 제일 예쁜 장미"다. 사진과 글이 딱 맞아떨어진다. 은유법으로 쓴 서너 단어의 카피가 서너 줄 이상의 의미와 감동을 담고 있다.

국어사전의 설명을 보면 은유법이란 "사물의 상태나 움직임을 암시적으로 나타내는 수사법"으로 비유법의 한 종류이다. 비유법은 독자가 잘 알지 못하는 것을 더 쉽게 이해시키거나, 글쓴이의 감정이나 기분을 독자에게 그대로 전달하기 위해 어떤 사물을 다른 사물에 빗대어 표현하는 기법이다. 비유법에는 직유법, 은유법, 의인법, 활유법, 대유법, 풍유법 등이 있다. 비유에서 표현하고자 하는 주체를 원관념이라 하고, 원관념에 비유되는 것을 보조 관념이라 한다. 직유법은 '마치', '흡사', '같이', '처럼', '듯' 등의 연결어를 사용하여 원관념과 보조 관념을 직접적으로 연결하여 표현하고, 은유법은 'A는 B다' 형태로 원관념과 보조 관념을 간접적으로 연결하여 표현한다.

문법을 설명하니 복잡해 보이지만 비유는 우리가 일상에서 대화를 나눌 때도 흔하게 쓰고 있는 수사법이다. 흐린 날 하늘이 잔뜩 찌푸렸다고 하거나, 시간이 화살같이 흐른다고 하거나, 너는 내 운명이라고 고백하는 것 모두가 비유법을 사용한 말이다.

비유를 사용하면 필자의 의도를 더 쉽게 독자에게 전달할 수 있다. 주변의 친구들을 동물에 비유해 보자. 회사의 회의 시간을 날씨에 비유해 보자. 오늘 나의 기분을 운동에 빗대어 표현해 보자. 비유하는 사물이 상상력을 자극하고 지루했던 문장에 재미가 더해지는 경험을 하게 될 것이다.

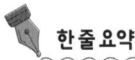
한줄요약

다양한 비유법을 적절하게 사용하면 문장이 풍성해진다.

#15 운율

열두 시에 만나요, 부라보콘!
둘이서 만나요, 부라보콘!
살짝쿵 데이트, 해태 부라보콘!
부라보 부라보콘, 해태 부라보콘!

해태아이스_TVCM_부라보콘_2023

혹시 내 안에 나도 몰랐던
작사가의 재능이?

1970년 4월 1일 세상에 나온 부라보콘은 아직도 판매되고 있는 우리나라 최초의 콘 형태 아이스크림이다. 부라보콘이 나오기 전 우리나라에서 맛볼 수 있었던 빙과는 아이스케키라고 불리던 막대기 형태의 얼음과자뿐이었다. 그리고 부라보콘 광고의 CM 송은 아마 가장 오래, 가장 많은 가수들이 부르고 있는 광고 주제가가 아닐까 한다. 단순한 가사와 밝은 멜로디가 풋풋한 연인들의 달콤한 데이트 장면을 연상하게 만든다.

부라보콘 CM 송은 1970년대에 활동했던 밴드 '동방의 빛'의 기타리스트 강근식이 만들었다. 요청받은 그 자리에서 기타 하나만 가지고 만들었다고 한다. 그는 왜 하필 열두 시냐는 질문에 "사람들이 부라보콘을 가장 많이 소비하는 시간이 오후 한 시라는 거예요. 그런데 한 시라고 하면 재미가 없고, 열두 시라는 것이 훨씬 재미있게 다가가는 것 같아서 열두 시라고 했습니다."라고 어느 다큐 방송에서 대답했단다.

가사를 가만히 뜯어보면 첫 두 줄은 4·3·4/3·3·4, 아래 두 줄은 3·3·2·4/3·4·2·4의 음절이 운율을 만들고 있다. 운율이란 소리의 높낮이, 길이, 세기 등이 일정한 규칙을 가지고 반복되는 질서를 말한다. 우리말의 특성상 높낮이나 세기로 운율을 표현하기는 힘들고 주로 글자 수를 반복해서 배치하는 것으로 운율을 나타낸다. 초장, 중장, 종장의 글자 수가 3·4·3·4/3·4·3·4/3·5·4·3으로 이루어진 시조를 생각하면 쉽게 이해할 수 있다. 운율이 있는 글을 읽으면 음악을 듣는 것 같은 느낌을 준다. 운율이 있는 문장은 눈으로만 읽는 것보다 소리 내서 읽을 때 더 큰 울림이 있다. 글자 수를 맞추려고 노력하다 보면 꼭 필요하지 않은 군더더기 단어를 삭제하게 되는 부수적 효과까지 얻을 수 있다.

의도적으로 글자 수를 맞춘 문장을 써 보자. 내가 쓴 글이 시가 되고 가사가 되는 놀라운 일이 일어날 수도 있다.

여담으로 2022년 해태는 파격적인 시도를 했다. 청각장애인 후원 단체인 '사랑의달팽이'와 함께 지원 사업을 진행하며 가수 이적, 이영현, 정은지가 수어로 노래를 부르는 광고를 내보낸 것이다. 소리가 전혀 들리지 않는 CM 송이 보는 사람의 마음에 어떤 노래보다 큰 감동의 소리를 내는 결과를 낳았다. 또, 2023년에는 부라보콘과 성이 같은(?) 세븐틴의 보컬 부승관을 포함한 제주 부씨 5인조 밴드가 CM 송을 연주하는 광고를 선보였다. 부라보콘 광고는 같은 제품, 같은 가사와 멜로디를 가지고 얼마든지 독특하고 재미있고 다양한 결과물을 만들 수 있다는 사례를 보여 주고 있다.

한 줄 요약

반복적인 운율을 가진 문장은 저절로 시가 되고 가사가 된다.

#16 _____ 라임

나는
폰잡고 산다
손잡고
살고 싶다

페이스북 @Eunseok Chai

폰을 놓고 손을 잡자

 습관처럼 페이스북을 보는데 페친의 한 줄 포스팅이 눈에 번쩍 띄었다. "나는 폰잡고 산다 손잡고 살고 싶다"라고 쓴 겨우 여섯 어절, 열네 글자가 신선한 충격으로 다가왔다. 무엇 때문에 수백 개가 넘는 페이스북 포스팅 중에서 유독 이 문장에 시선이 머물렀을까? 가만히 문장을 뜯어보았다. '폰잡고 산다'는 스마트폰 사용률이 97%에 달하는 우리나라 사람들 거의 모두가 공감하는 특별할 것 없는 일상이다. 그런데 그 뒤에 '손잡고 살고 싶다'가 붙으니 다양한 해석이 가능한 문장이 되었다. 매일 핸드폰만 들여다보는 일상에 대한 반성으로 읽히기도 하고, 스마트폰이 제공하는 모바일 세계에서 벗어나 현실에서 사람을 만나고 체온을 느끼고 싶다는 희망을 엿볼 수도 있다. 글쓴이가 자랑과 행복만 넘치는 것 같은 온라인 세상을 떠돌다가 느꼈을지도 모르는 외로움이 연상되기도 한다.

이 문장의 강력함은 '폰잡고'와 '손잡고'의 라임rhyme에서 나온다. 국어사전의 풀이에 따르면 라임은 "시가에서, 시행의 일정한 자리에 같은 운을 규칙적으로 다는 일. 또는 그 운"을 말한다. '폰'과 '손'은 초성인 'ㅍ'과 'ㅅ' 다음에 오는 중성 'ㅗ'와 종성 'ㄴ'이 라임을 이루고 있다. 그 뒤에 '잡고'를 붙이면 '손잡고'와 '폰잡고'라는 거의 비슷한 글자의 단어가 된다. 그런데 풍기는 뉘앙스는 완전히 다르다. 다른 뉘앙스를 풍기는 단어의 조합이 이 문장의 재미와 의미를 만들고 있다.

라임이 있는 문장은 가독성이 좋다. 적절한 라임이 있는 글에서는 글쓴이의 재치와 유머 감각이 읽힌다. 짧아도 강한 인상을 줄 수 있다. 인터넷 검색 기능이 없던 시절에는 라임이 맞는 단어를 찾기 위해 사전을 찾아야 했다. 지금은 검색창에 '~로 끝나는 말' 또는 '~로 시작하는 단어'를 넣으면 1분도 되기 전에 수십 개의 단어가 뜬다. 처음 보는 단어도 수두룩하니 단어 공부가 되기도 한다.

장난삼아 자음 'ㄱ'에서 'ㅎ'까지를 차례로 초성으로 삼고 중성 'ㅗ'와 종성 'ㄴ'을 조합한 글자를 만들어 페친의 문장을 패러디해 다음과 같은 문장을 만들어 보았다.

나는 폰에 빠졌고,

너는 돈에 빠졌네.

폰을 잃어버리니,

혼도 잃어버린 듯.

짧고 인상적인 한 줄을 쓰고 싶다면 라임을 활용하자. 글의 제목이나 중간 제목을 달 때 라임을 적용하는 것도 좋은 방법이다.

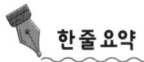 **한 줄 요약**

문장의 리듬감과 재치를 살려 주는 라임을 활용하자.

#17 _____ 의태어

다사로운 봄날
할아버지와 어린 손자가
꼬옥 팔짱을 끼고
아장아장 걸어간다

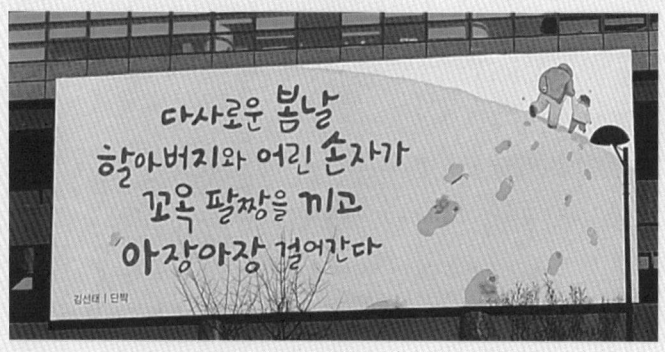

교보생명_광화문 글판_2023년 봄 편

없어도 뜻은 통하지만
있으면 문장이 생생해진다!

연둣빛이 감돌기 시작한 들판에 할아버지와 손자가 걸어가고 있다. 발자국마다 노랑 꽃, 분홍 꽃이 피어나고 나비가 팔랑 날아간다. 그리고 마치 두 사람의 뒤를 따르는 것처럼 초록색 문장 한 줄이 이어진다. "다사로운 봄날 할아버지와 어린 손자가 꼬옥 팔짱을 끼고 아장아장 걸어간다."

교보생명이 계절마다 바꿔서 빌딩 외벽에 내거는 광화문 글판으로 2023년 봄에 걸린 시와 그림이다. 별 꾸밈없이 보이는 모습 그대로 쓴 글이 마음을 푸근하게 녹여 준다. 평범한 문장에 생기를 불어넣은 것은 바로 '꼬옥', '아장아장'이라는 의태어다. 의태어는 사람이나 사물의 모양 또는 움직임을 흉내 낸 말이다. 절레절레, 엉금엉금, 번쩍번쩍, 쓰담쓰담, 부들부들, 푹신푹신, 비틀비틀 따위의 말이 모두 의태어이다. 의태어를 빼고 광화문 글판의 문장을 다시 써보자. "다사로운 봄날 할아버지와 어린 손자가 팔짱을 끼고 걸어간다"가 된다. 밋밋하고 허전하다.

의태어는 문장에 생동감을 불어넣는다. "엉금엉금 기어가는 자동차, 반짝반짝 눈동자, 산산이 부서진 유리창"과 같은 구절을 읽으면 그 구절이 표현하는 광경이 눈앞에 펼쳐지는 것 같다. 의태어는 풍부한 상상을 가능하게 하고 감정이나 상황을 더 자연스럽게 전달하는 역할도 한다.

우리말에 의성어와 의태어가 많은 까닭은 모음과 자음의 변화를 통해 형태가 다양한 계열어를 만들어 내기 때문이라고 한다. '가뭇가뭇'에서 모음을 바꾸면 '거뭇거뭇'이 되고, '거뭇거뭇'에서 자음을 바꾸면 '꺼뭇꺼뭇'이 되는 식이다.[**]

세 단어 모두 군데군데 거무스름한 모양을 표현하는데 '가뭇가뭇'은 작고 귀여운 느낌이 들고 '거뭇거뭇'은 남성적이라는 생각이 들고 '꺼뭇꺼뭇'은 더 진한 검은색이 떠오른다.

적절한 의태어로 문장에 생동감을 불어넣어 보자. 의태어의 모음과 자음을 변형해서 써 보고 가장 알맞은 뉘앙스의 의태어를 골라서 쓰자. 내가 적은 문장이 흑백 영화에서 총천연

[**] 박일환, 『의성의태어의 발견』, 사람in, 2023.

색 영화로 바뀌는 경험을 할 수 있을 것이다.

 **한 줄 요약**

의태어는 문장에 생동감을 불어넣는다.

#18 _____ 의성어

또로 또로 또로
책 속에 귀뚜라미 들었다
나는 눈을 감고
귀뚜라미 소리만 듣는다

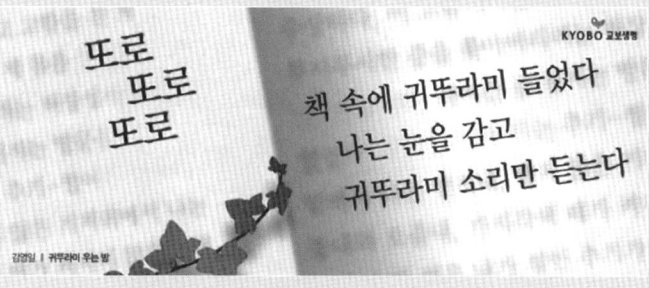

교보생명_광화문 글판_2013년 가을 편

의성어를 넣는 순간
활자가 소리를 낸다

    서울 종로구의 광화문 주변에는 세종대왕 동상이 있고 세종문화회관이 있고 물론 경복궁도 있다. 하지만 나는 광화문, 하면 교보문고가 먼저 떠오른다. 특별한 용건이 없을 때도 불쑥 들러 다양한 책과 눈을 맞췄던 곳이 광화문 교보문고다. 처음 책을 쓰고 조금은 쑥스러운 마음으로 매대에 진열된 내 책을 보러 간 곳도 그 서점이었다.

    교보문고는 교보생명의 사옥에 있다. 이 건물이 교보문고를 찾지 않는 사람들에게까지 널리 알려지게 된 데는 외벽에 걸린 가로 20미터, 세로 8미터의 '광화문 글판'의 공이 크다. 계절이 바뀔 때마다 새로 내걸리는 광화문 글판의 글귀들은 보는 이의 마음을 따스하게 했고, 많은 사람의 SNS를 통해 공유되었다. 1991년 시작된 광화문 글판이 초창기에는 불법 광고물로 오해받아 벌금을 내기도 했다는 재미있는 일화도 있다.

나는 글의 소재를 찾기 위해 가끔 광화문 글판의 지난 게시물을 들여다본다. 거기서 김영일 시인의 「귀뚜라미 우는 밤」의 한 구절을 만났다. "또로 또로 또로 책 속에 귀뚜라미 들었다." 책 속에 들어 있는 귀뚜라미 소리라니! 의성어를 기막히게 사용해 살아 숨 쉬는 문장이었다. '또로 또로 또로'라는 의성어를 읽는 순간 귀뚜라미 우는 고즈넉한 가을밤으로 순간 이동하는 느낌을 받았다.

의성어는 사람이나 사물의 소리를 흉내 낸 말이다. 의태어와 마찬가지로 의성어는 문장에 생기를 불어넣는다. 의태어와 의성어가 있으면 글자만 읽어도 화면이 보이거나 소리가 들리는 것 같은 생동감이 느껴진다. 게다가 의성어는 쉽다. 기억하기 쉽고 따라 하는 것도 어렵지 않다. 엄마가 아기에게 동물의 이름을 가르칠 때를 상상해 보자. 강아지는 멍멍, 고양이는 야옹, 호랑이는 어흥, 참새는 짹짹! 엄마는 동물의 이름만 말하는 것이 아니라 동물 소리를 짝지어 알려 준다. 아기는 낯선 동물 이름보다 동물이 내는 소리를 먼저 기억하고 그 연상작용으로 이름까지 익힌다.

누구나 의성어를 만들 수 있다. 종소리를 '댕댕'이라고 하는 대신 '랑랑랑랑'이나 '딩글렁딩글렁'이라고 묘사해도 괜찮다. 직접 창작한 의성어는 문장의 개성을 살리는 역할을 한다. 소복소복, 꼬르륵, 우르릉쾅, 첨벙첨벙, 지글지글, 살랑살랑…. 의성어만 몇 개 늘어놓아도 몇 줄 문장이 저절로 따라 나온다.

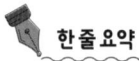
한줄요약

독창적인 의성어로 문장에 소리를 입히자.

#19 _____ 이모지와 이모티콘

우리는 #멸종위기이모지를 사용하여 실제 동물들을 멸종으로부터 구하고 있습니다. 리트윗으로 캠페인에 참여하고 도움을 주세요.

세계야생동물기금(WWF)_트위터 게시물_멸종 위기 동물 보호 캠페인_2015

글에 감정이 부족할 땐,
이모지로 채우자!

 얼굴을 마주하고 대화할 때 우리는 단어로만 뜻을 주고받지 않는다. 서로의 손짓이나 몸짓, 표정과 목소리의 높낮이 따위를 종합해서 듣고 말의 속뜻을 이해한다. 그런데 글은 모든 상황과 맥락, 보디랭귀지를 소거한 채, 오직 단어로만 뜻을 전해야 한다. 그래서 무미건조하게 사실만 전하는 문자 메시지나 SNS 댓글은 가끔 오해를 불러일으키기도 한다. 어떤 의미로 쓴 건지 단어만 봐서는 알 수 없기 때문이다.

 그러나 우리에겐 이모티콘과 이모지라는 깜찍한 도우미가 있다. 영어 단어 이모션emotion과 아이콘icon의 결합으로 만들어진 이모티콘emoticon은 문자, 괄호나 쉼표 같은 부호, 숫자를 조합하여 감정을 표현한다. 예를 들면 ^^, (T_T), (-_-) 등이 이모티콘이다. 이모지emoji는 일본어 에모지絵文字: えもじ의 영어

식 표현인데 표정, 사물, 동물, 자연 등을 시각적으로 나타내는 그림 문자다. 😀🐜♡😁👍 등이 자주 쓰이는 이모지들이다.

이모티콘과 이모지를 활용하면 글로 쓸 수 없는 감정을 표현할 수 있다. 때로는 그림 하나로 문장 전체를 대신할 수 있다. 친구에게 글자 없이 "ㅠㅠ"라고만 보내도 친구는 내가 힘든 상태라는 것을 알아본다. "고마워."보다 "고마워😊"가 더 따뜻하고, "최고다."보다 "최고다! 👍"에 더 우쭐함을 느낀다. 하트(♥) 이모지는 인스타그램, X(트위터), 페이스북 등 소셜 미디어 플랫폼에서 가장 널리 사용되는 사랑과 지지의 표시다.

이모지를 사용해서 성공한 광고도 있다. 앞에서 예로 든 세계야생동물기금WWF의 기부 캠페인도 그중 하나다. WWF는 유니코드 표준(국제적인 컴퓨터 글자 인코딩 표준)의 동물 이모지 17개가 거미원숭이, 마우이 돌고래, 자이언트 판다와 같은 멸종 위기에 처한 종을 나타낸다는 사실을 발견했다. WWF는 트위터 계정에 이 17개의 이모지를 올리고, 사람들에게 이것을 기부를 전제로 '리트윗' 하도록 요청했다. 월말이 되면 참가자들은 자신의 이모지 사용량 통계를 받고, 얼마를 기부할지 결정한다. 이 기부 캠페인은 사람들이 일상적으로 사용하는 디지털 언어, 즉 이모지를 환경 보호 메시지와 결합한 성공적인 사례로 꼽힌다.

그림 문자는 짧은 순간에 강렬한 인상을 남기며, 문화와 언어의 장벽을 넘어서 소통할 수 있는 도구다. 이모티콘과 이모지를 상황과 맥락에 맞게 사용해 보자. 글의 표정이 환하게 살아나고 읽는 사람과의 소통이 더 정겨워질 것이다.

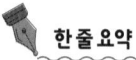 한줄요약

이모지와 이모티콘으로 글에 감정을 입히자.

3장

내 문장의 공감 버튼:
반전의 한 수로
마음의 문을 열자

짧은 순간 웃음과
공감을 부르는
가벼워도 밉지 않은
언어의 유희들

#20 _____ 사투리

이마트_바이럴 영상_와인 장터: 다큐 와이너리 편_2018

주민1	(와인) 그기 뭐이 대단허다고?
주민2	요새 누가 아침부터 커피 묵는당가?
주민3	순덕이 빨간 거이 좋아, 하얀 거이 좋아?
순덕	아 갈증 날 적엔 하얀 게 좋제!
주민4	(밭에 와인 주전자가 담긴 새참을 이고 가며) 참 드셔!
함께	와인 들어간다, 쭉쭉쭉 쭉쭉!
주민5	아따 와인은 탄닌 맛이랑께.
손자	(주렁주렁 매달린 와인 병을 닦는 할아버지에게) 할아버지 그거 다 알어?
할아버지	몰라도 디야. 그냥 다 마시는 거여.
남편	(와인 병의 레이블을 들여다보며) 이거 읽을 줄 알어? 미지니, 샹볼 뭐지니 와인…
아내	샹, 몰라도 잘만 묵어!
주민들	와인, 이즈, 노말!
자막	Wine is normal.
주민6	와인은 우리의 벗이여!

"전이랑 와인이랑
잘 어울린당께."

대학에 입학한 뒤 신기했던 경험 중 하나는 귀에 와닿는 낯선 사투리였다. 사투리를 쓰는 친구들의 말투는 높낮이의 변화가 심하고 센 발음이 많았다. '애살이 많다'라거나 '억수로' 같은 단어는 신선했고, '강구', '정구지'와 같은 말은 미궁처럼 느껴졌다.

방학 때 제주도에 있는 친구 집에 가서 친구의 할머니를 만났다. 먼 길 왔다고 반기시며 뭐라고 말씀하시는 할머니의 말이 무슨 뜻인지 나는 하나도 알아듣지 못했다. 마치 외국어를 듣는 것 같았다. 이해는 못 했는데 그 완벽하게 다른 억양과 단어는 오래오래 머릿속을 맴돌았다.

나는 사투리를 하는 친구들이 부러웠다. 사투리를 할 줄 아는 친구들은 표준말 외에 제2 외국어를 쓸 줄 아는 능력자라는 생각이 들었다. 대학 새내기 시절의 한참을 난, 처음 만난 사투리에 빠져서 어설프게 억양을 흉내 내기도 했다. 물론 친구들은 내 발음이 무지하게 이상하다고 서툰 시도일랑 그만 집어치우라고 말렸다.

몇 년 전 이마트의 '와인장터'를 알리는 광고에서 정감이 넘치는 전라도 사투리를 만났다. 58가구 82명의 주민이 사는 전남 구례군 당촌리는 광고 속에서 와인을 물처럼 마시는 '와이너리里'로 새롭게 변신했다. 주민 대부분이 노인들인 그곳에서는 아침 댓바람부터 모닝커피 대신 모닝 와인을 마신다. 새참을 먹을 땐 주전자에 막걸리 대신 와인을 채워 곁들인다. 와인 잔을 들고 소 등에 타서 흔들리며 "워메, 저절로 디캔팅이 되는구먼!" 하고 감탄하고, 손으로 쭉 찢은 김치 부침개를 입에 넣고 "전이랑 와인이랑 잘 어울린당께."라며 와인을 꿀꺽 삼킨다.

어디 그뿐이랴. 툇마루 처마엔 곶감을 말리는 것처럼 와인이 주렁주렁 걸려 있다. 할매들은 구부정한 허리로 와인을 가득 실은 손수레를 밀고, 할배들은 정자나무 아래서 와인 잔을 부딪치며 "와인, 아무것도 아녀!"라고 선언한다. 나도 양은 막걸리 잔에 와인을 따라 마셔 보고 싶어진다. 곳곳에 주민들의 재치 있는 입담이 넘치고, 와인과 시골 음식의 마리아주

mariage가 위트 있게 펼쳐진다. 앞니가 홀딱 빠진 할머니나 머리 허연 할아버지들이 와인 잔을 기울이며 하는 얘기는, 와인을 친근하고 만만한 존재로 변화시킨다.

등장인물들이 모두 똑 부러지는 표준말로 이야기했다면 이마트 광고가 그렇게 푸근하게 느껴지지 않았을 것이 분명하다. 입에 밴 사투리가 있다면 그 입말을 그대로 글로 옮겨 보자. 쓰려는 장면에 펄펄 생기가 도는 경험을 하게 될 것이다.

한줄요약

사투리는 글쓴이의 어휘와 표현을 열 배쯤 확장해 준다.

#21   연상

대상 종가집_TVCM_종가집 청춘 편_2018

실연 7일 차.
비가 오면 생각나는 게
그 사람이 아니라
김치전이라서 참, 다행인
초긍정 청춘을 위해
김치는 제대로 맛있어야 합니다.

비 오는 날 실연과
김치전이 만나면

비가 오면 헤어진 옛사랑이 생각난다. 끝없이 떨어지는 빗줄기가 마음을 가라앉게 만들기 때문인지 모르겠다. 아니면 가수 심수봉이 "비가 오면 생각나는 그 사람, 언제나 말이 없던 그 사람, 사랑의 외로움을 몰래 감추고 떠난 사람 그리워서 울던 그 사람…."이라고 애절하게 부른「그때 그 사람」이라는 유행가 가사 때문인지도 모른다.

비가 내리면 또 뜨겁게 달구어진 프라이팬에 기름을 넉넉하게 붓고 치지직 소리까지 노릇하게 지져 낸 빈대떡이나 김치전이 저절로 떠오른다. 비가 내리면 특별한 이유도 없이 집에 곧장 들어가고 싶지 않은 마음이 든다. 누구에게라도 전화를 걸어 "비도 오는데 김치전에 막걸리 한잔할까?" 불러내고 싶다.

비가 불러일으키는 연상이라는 점 말고는 아무 공통점이 없는 실연과 김치전을 한꺼번에 소재로 사용한 광고가 있다. 대상 종가집에서 만든 김치 광고가 바로 그것이다.

  젊은 여성이 툇마루에 앉아 비가 내리는 마당을 쳐다보며 가벼운 한숨을 쉰다. 실연 7일 차라는 내레이션이 들린다. 쏴아아, 빗소리가 소란하고 젖은 기와 처마에 매달린 풍경이 댕그랑 소리를 낸다. 뭔가 슬픈 사연이 이어질 것 같은 분위기다. 그런데 그 기대와 정반대로 화면은 먹음직스러운 김치전 부치는 모습으로 이어지고, 주인공은 실연의 눈물을 흘리는 대신 김치전을 맛있게 먹는다. 비 오는 풍경을 보며 우울함에 젖는 대신 김치전을 먼저 생각하는 '초긍정 청춘'이다. 이 광고는 실연이라는 사건에 뻔히 따라오는 슬픔이라는 고정관념을 뒤엎고 이별 후에도 씩씩한 청춘의 모습을 발랄하게 보여 준다.

  사진 찍을 때는 김치, 수능 전날엔 찹쌀떡, 생일엔 미역국 등 우리 주변엔 하나가 있으면 당연하게 연상되는 짝이 있다. 그 당연한 조합을 해 봤던 경험이 누구에게나 있을 것이다. 그 조합을 실행한 날의 기억을 써 보자. 종가집의 광고가 비, 실연, 김치전을 재치 있게 한데 묶었던 것처럼, 기왕이면 서로 상관없는 것들을 엮어서 새로운 조합을 만들어 보자. 사랑을 잃은 직후에 내리는 비를 보고 떠나간 옛사랑을 떠올리는 건 뻔한 스토리에 그치지만 씩씩하게 김치전을 먹는 이야기는 유쾌하고 산뜻한 콩트가 된다.

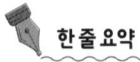
한줄요약

'치킨엔 맥주'처럼 흔한 연상을 글쓰기 소재로 활용하자.

#22 _____ 말장난

난 고래야. 고래서 널 좋아해.
고등어 때부터 널 좋아했어.
너의 마음을 낙지.
날 바다 줘.
보조개가 이쁜 널 대게 좋아해.

통영 동피랑의 벽화

유치하지만 재밌는
간질간질 말장난

 난생처음 통영엘 갔다. 가 보니 통영은 그리움의 마을이었다.

 작곡가 윤이상이 평생 돌아오고 싶어 한, 시인 유치환이 바닷가 우체국에서 날마다 편지를 부치던, 소설가 박경리가 죽은 뒤 돌아와 묻힌… 고요하고 깊은 그리움이 물결마다 골목마다 스며 있는 정다운 동네였다.

 통영에서 수십 년 만에 자전거를 탔다. 바다를 옆에 두고 길게 뻗은 자전거 도로가 한산했다. 비틀비틀 서툰 실력으로도 달릴 만했다. 통영에서 나는 모든 것에 서툴렀다. 통영에서 나는, 나도 모르던 내가 되었다. 서툴고 낯선 나와 마주치게 되는 일, 원래 여행은 그런 것인가 보다. 그 서투름을 무기 삼아 통영 사람들에게 어떡하면 좋으냐고 떼쓰듯 물었다. 무얼

먹어야 하냐고, 어느 섬에를 가야 하냐고, 섬에 왔는데 차가 없으니 어쩌냐고 계속해서 물었다. 어린애 같은 내 물음을 받은 이들은 하나같이 하던 일을 멈추고 길고 충분한 대답을 주었다. 전화를 걸어 차편을 알아봐 주기도 했다. 다정한 언니나 오라비의 보살핌을 받는 기분이 들었다.

통영이 좋아 외지에서 들어가 통영에 아예 눌러앉은 사람의 얘기를 듣기도 했다. 서울의 작업실을 접고 통영에 작업실 겸 카페 겸 문화 공간을 마련한 일러스트 작가가 있었고, 서울의 식당을 닫고 신선한 해산물이 지천인 통영에 레스토랑을 차린 르 꼬르동 블루 출신의 셰프를 만났다. 통영 앞바다 욕지도에 반해 무작정 귀농해 고구마 농사를 짓는 이가 만든 기가 막힌 고구마 도넛을 맛보기도 했다.

대놓고 유혹하는 동피랑의 벽화를 보니 그이들의 통영행을 이해할 수 있었다. 맞춤법 틀려 가며 발음이 비슷한 단어를 연결해 만든 벽화의 문안을 보니 웃음이 나는 것과 동시에 다정한 마음이 느껴졌다. 바다는 나에게 자기를 바다(받아) 달라고 조르고, 고래는 고래서(그래서) 날 좋아한다고 속을 보이고, 낙지까지 내 마음을 낙고(낚고) 싶다는데! 이렇게 노골적인 고백을 보고 어떻게 마음이 동하지 않을 수 있겠는가! 이럴 때 철자법이 틀린 것은 전혀 문제가 되지 않는다. 통영에서 흔하게 볼 수 있는 바다와 바다 생물의 이름을 이용해 좋아하는 마음을 고백하는 아이디어가 여행자의 마음을 무장 해제시킨다. 통영은 내게 재치 있고 유쾌한 도시로 오래도록 기억될 것이다.

 한줄요약

발음이 비슷한 단어를 연결해 말장난이 들어간 재치 있는 문장을 만들자.

#23 _____ 자폭 개그

사랑인 줄 알았는데 부정맥

사단법인 전국유료실버타운협회 포푸라샤 편집부 저_이지수 역_
『사랑인 줄 알았는데 부정맥』_포레스트북스_2024

심장이 두근두근
설레는 이유는?

일본 전역을 웃음바다로 만들고 우리나라에까지 번역되어 수많은 칼럼의 소재로 등장한 실버 센류_川柳_ 몇 편을 읽었다. 센류는 일본의 정형시 중 하나로 5-7-5의 총 17개 음으로 된 짧은 시를 말한다. 따라서 실버 센류란 노인들이 쓴 짧은 정형시를 뜻한다. 그중 몇 편을 소개한다.

"안약을 넣는데 입을 벌린다"

"느낌 있는 글씨체라고 칭찬받은 수전증"

"펜과 종이 찾는 도중에 쓸 문장 까먹어"

"만보계 절반 이상이 물건 찾느라"

"나는 연상이 이상형인데 이제 없어"

"일어나긴 했는데 잘 때까지 딱히 할 일이 없다"

나이를 먹는 일은 슬픈 일일까? 작은 글씨가 안 보이고 드라마의 대사가 잘 안 들린다. 걸음걸이는 느려지고 아픈 곳이 늘어난다. 나이가 들면서 겪게 되는 이런 신체적 변화는 반갑지 않은 일이지만 노인들의 매일이 우울할 것이라는 생각은 오해다. 일본의 노인들이 쓴 실버 센류에는 나이 때문에 겪고 있는 고충을 웃음으로 승화하는 명랑함이 있다. 본인의 처지를 비관만 하지 않고 객관적인 눈으로 보고 치유하는 지혜가 담겨 있다.

냉장고를 열었는데 왜 열었는지 잊어버리거나, 세 시간 기다려서 받은 병명이 '노환'이라거나, 20년 쓸 수 있다는 LED 전구의 수명이 나의 남은 수명보다 더 길 것 같이 느껴지는 일이 분명 행복한 상황은 아니다. 하지만 그 사실을 스스로 폭로하며 한 편의 시로 만들면 쓴 사람도 읽는 사람도 유쾌하게 웃을 수 있다. 여기 소개한 실버 센류는 숨기고 싶은 치부나 약점을 스스로 밝혀서 자신을 깎아내리는 풍자나 '자폭 개그'라 할 수 있다.

어느 초보 운전자의 차량 뒤에 붙어 있던 메모가 떠오른다. 깜빡이도 켜지 않고 갑자기 끼어든 차 뒷유리창에 "세 시간째 직진 중", "나도 내가 무서워요"라고 쓴 종이가 붙어 있었다. 막 욕을 하려던 순간이었는데 하하 웃으며 기꺼이 양보

할 마음이 들었다.

오랜 시간 고민할 것도 없이 자폭 개그의 소재는 너무나 많다. 면접에 늦지 않으려고 긴장하고 깨어 있다가 오히려 늦잠을 자서 지각한 일이나 모든 새해 계획이 작심삼일이 되는 것도 사소하지만 누구에게나 있는 부끄러운 일들이다. 그것을 소재로 쓰자. 심각한 반성문이 되지 않게, 읽다가 슬며시 웃음이 삐져나오게 가볍고 재미있는 분위기로 써 보자.

 **한줄요약**

가벼운 자폭 개그는 읽는 이에게 웃음과 공감을 준다.

#24 _____ 패러디

나는 네 아비가 되지 않을 거야

립앤롤_패키지 광고_스타워즈 콘돔

아임 유어 파더?

광고의 목적은 광고하는 제품이나 브랜드를 사람들이 좋아하게 하거나 사게 만드는 것이다. 보는 사람이 아니라 만든 사람의 이익에 충실해야 좋은 광고다. 성공한 광고는 사람들의 마음을 열거나 그들의 지갑을 여는 광고이다. 광고의 유혹에 넘어가고 싶지 않은 많은 이가 TV에서 광고가 나오면 채널을 돌리거나, 유튜브에 광고가 재생되면 5초가 지나기 무섭게 광고 건너뛰기를 누른다.

냉정한 소비자의 눈길을 사로잡기 위해 광고인들은 '판다'라는 목적에서 벗어나지 않으면서 감동을 주거나 웃음을 자아내는 광고를 만들기 위해 노력한다.

예를 들면 영화 「스타워즈」의 등장인물이 영화 속 대사를 패러디해 말하는 콘돔 패키지 광고를 보면 하하 웃지 않을 수 없다. 미국의 콘돔 제조 업체인 립앤롤RipnRoll은 영화 역사상 가장 유명한 대사 중의 하나인 "I am your father(내가 네 아비다)."를 익살스럽게 바꾸어 포장지에 인쇄한 제품을 선보였다. 「스타워즈 에피소드 5 - 제국의 역습」에서 주인공 루크에게 "I am your father."라고 출생의 비밀을 폭로했던 다스베이더가 콘돔 패키지에 등장해서 "I will not be your father(나는 네 아버지가 되지 않을 거야)."라고 선언하는 것이다. 귀여운 로봇 R2-D2는 광선 검을 들고 "Feel the force(힘을 느껴라)."라고 외치고, 우주 제국 최고의 전사인 요다는 "Come or come not, there is no try."라는 문안을 들고 나온다. 영화 속 자신의 대사인 "Do or do not, there is no try(하든지 말든지 둘 중에 하나야, 그냥 '해 보는' 건 없어)."를 패러디한 광고 문안이다.

사람들이 이미 알고 있는 문장을 패러디해서 글의 처음이나 마지막에 쓰면 좀 더 쉽게 독자의 눈길을 사로잡을 수 있다. 영화 대사 말고도 패러디할 수 있는 문장은 여기저기 널려 있다. 드라마 제목이나 누구나 알고 있는 속담, 코미디 프로의 유행어도 패러디의 대상이 될 수 있다. 예를 들어 금융감독원은 2025년 방영된 넷플릭스의 인기 드라마 「폭싹 속았수다」를 패러디한 '보험사기 가볍게 생각하다가 폭싹 망했수다'라는 헤드라인으로 홍보물을 제작해 배포했다. 보험사기를 근절하자는 메시지를 딱딱하고 사무적인 문장 대신 드라마 제목을 변형한 문장으로 재미있고 기억하기 쉽게 알린 것이다. 단순한 모방에서 그치지 말고 원문의 맥락과 뜻을 자세히 살펴보고 내가 쓰는 글에 맞게 변형해서 사용하면 신선한 재미를 주는 글이 될 것이다.

 한줄요약

이미 잘 알려져 있는 문장을 패러디해서 첫 문장을 써 보자.

#25 _____ 의인화

애야 마당에 불 꺼라.
벼도 잠을 자야 풍년이 들지.

풀무원_TVCM_기업 광고_2002

밤에는 해도 자고
들판의 벼들도 잠을 잔다

 논에 심은 모가 누렇게 익어 쌀이 되려면 얼마나 긴 시간이 걸릴까? 조생종은 기간이 더 짧겠지만 대부분의 품종은 파종에서 수확까지 105일에서 150일 정도가 걸린다고 한다. 농부의 손길이 88번이나 닿아야 쌀 한 톨이 나온다니, 벼를 벨 때까지 농부들의 수고는 끝이 없을 것이다.

 애지중지 벼를 키우는 농부의 마음을 잘 표현한 광고 한 편이 있다. 2002년에 전파를 탄 풀무원의 기업 광고이다. 카메라는 처음에 벼가 빼곡하게 들어찬 논과 그 한가운데 있는 농부의 집을 보여 준다. 집 마당에 환하게 켜진 방범등이 논을 비추고 있다. 곧 방 안에서 아버지의 목소리가 들린다. "얘야 마당에 불 꺼라. 벼도 잠을 자야 풍년이 들지." 그 말이 떨어지기가 무섭게 마당에 불이 꺼지고 논은 어둠에 잠긴다.

이 광고를 보고 "말도 안 돼. 벼가 어떻게 잠을 자?"라고 시비를 거는 사람이 있을까? 오히려 벼를 의인화해서 보여 주는 광고에 저절로 고개를 끄덕일 것이다. 벼를 사람만큼 귀하게 여기는 농부의 마음에 공감할 것이다. 할 수만 있다면 농부들은 기꺼이 벼에게 이불도 덮어 줄 것이다. 자식 키우듯 하루에도 몇 번씩 들여다보고 쓰다듬고 잘 자라길 기원할 것이다. 농부는 사람의 생명이 자연의 생명에 빚지고 있다는 것을, 자연과 사람의 생명이 다르지 않다는 것을 본능적으로 알고 있는 사람들이다.

풀무원은 농부의 마음으로 논을 바라보고 "생명을 하늘처럼"이라는 캠페인 슬로건을 만들고, 벼나 나무, 새와 벌레를 의인화해서 광고를 만들었다. 시리즈로 제작된 이 캠페인을 통해 풀무원 광고는 한 단계 업그레이드되었다. 제품의 특장점을 직접 말하지 않으면서도 자사에서 생산되는 모든 제품에 자연 친화적인 이미지를 담게 된 것이다.

불 꺼진 논에서 잠자는 벼를 상상하면 또 다른 상상이 꼬리를 물고 이어진다. 벼는 어떤 꿈을 꿀까? 악몽을 꾸거나 가위눌리는 벼도 있을까? 모두 자는데 안 자고 소곤거리는 벼도 있겠지? 논에 사는 메뚜기나 미꾸리가 자는 벼들의 발목을 간지럼 태우지는 않을까? 벼가 사람이라고 생각하면 재미있는 이야기를 끝없이 펼칠 수 있다.

가까이 있는 물건을 의인화해서 그 물건의 마음이나 행동을 상상해서 써 보자. 가령 나의 노트북이 말을 할 수 있고 커피를 마시고 화장실을 간다면 어떤 일이 벌어질까?

 한줄요약

사물에 생명과 성격을 부여하는 의인화로 유쾌하고 재미있는 문장을 만들 수 있다.

#26 _____ 새로운 표현

매미는 여름여름 여름을 열흘도 넘게 울었다

안도현 저_「입추」 중_「북항」_문학동네_2012

누구나 하는
뻔한 표현은 노잼

 안도현 시인의 이름은 몰라도 "연탄재 함부로 발로 차지 마라"라는 시구절은 대부분 들어 보았을 것이다. 그 안도현 시인의 북 토크에 가서 들은 얘기다. "글을 쓸 때는 늘 새로운 표현을 고민하고 찾아야 한다. 뻔한 연상과 상투적인 단어는 쓰지 말라."라는 것이 시인의 조언이었다. 예를 들어 거의 대부분의 사람이 매미는 '맴맴'하고 운다고 쓴다. 하지만 시인은 남과 다른 표현을 찾다가 '여름여름'하고 운다고 썼다고 한다. 가을에 대해 글을 쓰라고 하면 누구나 낙엽, 추수, 코스모스를 떠올리는 것을 알고 있기에, 시인은 가을의 단어를 '연탄'으로 정했단다. 연탄으로 난방을 하던 시절에는 가을이 집마다 연탄을 사서 들여놓던 계절이었기 때문이다.

 '토끼는 깡충깡충, 거북이는 엉금엉금'이라고 쓰는 것은 누구나 쉽게 쓰는 당연한 연상이다. 그 당연한 조합 대신 '토끼가 글썽글썽, 거북이가 겅중겅중'이라고 쓴다면 '이게 뭐지?' 하는 호기심을 부르는 문장이 될 수 있다.

당연한 인과관계를 뒤집는 표현에 대한 충고도 있었다. 예를 들어 첫눈 오는 날 만나기로 한 친구가 있다면, 그 친구를 만나서 '첫눈이 와서 너를 만난 것이 아니라 너를 만나기 위해 첫눈이 오는 것'이라고 말하라는 귀띔이었다. 그 말을 들은 친구는 과장인 줄 알면서도 감동할 것이다. 원인과 결과의 순서를 바꾸어 만든 표현은 문장에 색다른 긴장을 만든다.

익숙한 표현을 대신하는 색다른 묘사를 찾는 일은 어렵다. 아무 단어나 쓴다고 그럴듯한 표현이 되는 것도 아니다. 새로운데 억지스럽지 않고, 낯설지만 자연스러운 형용사나 부사, 의성어와 의태어를 찾는 일은 모래밭에서 쌀알을 찾는 것만큼이나 쉽지 않은 일이다. 어쩌면 고정관념에 반항하고 상식에 어깃장을 놓는 삶의 태도가 신선하고 새로운 글을 만드는 데 필요한 요소라는 생각도 든다.

안도현 시인의 강연을 들은 뒤 이 글을 쓰다가 문득 깨달은 사실이 있다. 내가 카피라이터가 되었기 때문에 이 책을 쓰게 된 것이 아니라, 이 책을 쓰기 위해 나는 카피라이터가 되었던 것이다.

새로운 표현을 고민하는 일은 독자에게 신선한 충격을 주고, 글에 생명을 불어넣는 가장 중요한 작업임을 항상 기억해야 한다. 평범한 단어와 관습적인 시선에서 벗어나려는 노력 없는 문장은 식상하고 무미건조하게 느껴질 수밖에 없다. 글쓰기에서 '새로움'은 문장의 기교가 아니라 생각하는 태도와 창의성에서 시작된다는 점을 명심하자.

 **한줄요약**

나만의 참신하고 독창적인 표현을 찾자.

#27 _____ 난이도

순이야, 놀자!

롯데제과_신문 광고_대형껌_1987

쉽게 쓰기가 더 어렵다

  카피라이터가 무슨 일을 하는지 잘 알지도 못한 채 카피라이터가 되었다. 휴대 전화나 인터넷이 존재하지 않았고, 우리나라의 전자와 자동차, 건설 산업의 규모가 지금보다 훨씬 작았던 시절이었다. 광고 회사에 다닌다고 하면 간판이나 전단지 만드는 회사에 다니는 것이라고 생각하는 사람이 부지기수였다. 광고가 뭔지 모르는 어리숙한 신입 사원들을 각성시키기 위해 회사는 무려 3개월이나 되는 기간을 교육에 투자했다. 교육이 끝난 뒤 내가 배치된 부서는 롯데제과의 광고를 담당하던 곳이었다. 그때는 제과업의 광고비가 상당히 컸다. 출근하면 '하드' 또는 '아이스케키'라고 불리던 빙과류, 껌, 과자를 먹고 씹으며 TV와 라디오, 신문과 잡지에 나갈 광고의 아이디어를 짜내는 것이 나의 일이었다.

끙끙대며 쥐어짠 변변치 않은 아이디어와 카피를 사수에게 내밀 때는 초등학생이 담임 선생님에게 그림일기를 검사받는 것처럼 부끄러운 마음이 들었다. 나의 카피를 받아 읽은 사수는 아무 말도 없이 담배를 피워 물기 일쑤였다. 아, 그 시절엔 사무실과 회의실에서의 흡연이 당연한 일이었다. 담배를 안 피우는 나는 쥐구멍이라도 찾고 싶은 심정이 되어 가늘고 흰 담배 연기만 바라보았다.

신입 사원 시절 카피 쓰는 방법을 가르치던 선배들이 강조하던 것 중의 하나가 중학생도 이해할 수 있게 쉽게 쓰라는 것이었다. 그나마 나의 첫 광고주가 제과 회사인 것이 다행이었을까, 아니면 더 어려운 일이었나? 중학생이 되려면 아직 먼 초등학생도 이해하고 재미있어할 카피를 써야 했으니, 오래전에 잃어버린 동심을 되살리기 위해 만화와 동화를 읽었던 기억이 아련하게 떠오른다.

어리바리 신입이었던 나의 데뷔작은 롯데 껌의 7단 신문 광고였다. 남자 꼬맹이가 롯데 껌을 뒤에 감추고, 좋아하는 여자아이의 집 대문 앞에 서서 그 애를 부르는 일러스트 위에 내가 쓴 헤드라인은 "순이야, 놀자!"였다. 이 정도면 세 살 꼬마라도 알아들을 아주 쉬운 헤드라인이라고 자부할 만하지 않은가!

쉽게 쓰라는 조언은 광고 카피에만 적용되는 것은 아니다. 매일 쓰는 문자 메시지에서부터 이메일이나 논문도 이해하기 쉽게 쓴 글이 잘 쓴 글이다. 쉬운 글은 만만한 글이 아니다. 읽는 사람은 쉽지만 쓰는 사람은 어렵다. 문장에 기교를 부리기 전에, 쉬운 단어와 단순한 문장으로 뜻을 명확하게 전달하는 것이 먼저다.

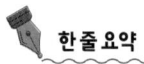
한줄요약

중학생도 이해할 수 있게 쉽게 쓰자.

4장

내 문장의 실전 연습:
싫어도 꼭 써야 할 글, 쉽게 해결하자

SNS, 댓글, 문자,
축하 메시지까지
귀찮은 글도 술술 쓰게
만드는 특급 처방들

#28 _____ 쓰는 이유

"나는 내가 무슨 생각을 하는지,
글로 써서 읽어 보기 전에는 잘 모릅니다.
그래서 글을 씁니다."

플래너리 오코너_1925~1964

누구에게나 써야 할 이유가
하나쯤은 있다

살다 보면 글을 써야 하는 이유보다 쓰지 않을 이유가 더 많다. 바쁘기도 하고 특별한 이야깃거리가 없기도 하다. 잘 못 쓸까 봐 두렵기도 하다. 이때 "내가 무슨 생각을 하는지 알아보기 위해 글을 쓴다."라는 미국의 소설가 플래너리 오코너의 말은 농담처럼 들리기도 하지만, 모든 사람에게 글쓰기가 필요하다는 대답이 된다. 여러 가지 생각으로 머릿속이 뒤죽박죽일 때 글로 쓰면 차분하게 정리가 된다. 할 일이 많을 때는 일의 목록을 적기만 해도 우선순위가 정해진다. '쓰기'가 주는 혜택이다.

물론 쓰지 않으면 견딜 수 없어서 쓰는 사람도 있다. 무라카미 하루키는 "소설을 쓰지 않아도 얼마든지 인생을 총명하게 잘 살 수 있어요. 그래도 쓰지 않고는 못 견디겠다고 생각하는 사람이 소설을 쓰죠."라고 말했다. 미국 현대 시의 거장 윌리엄 칼로스 윌리엄스는 한술 더 떠서 "나는 모든 글쓰기가 일종의 병이라고 생각해요. 멈출 수가 없죠."라고 말했다. 또 소설 『북회귀선』으로 유명한 작가 헨리 밀러는 "글쓰기는 그 자체로 보상입니다."라고 선언했다.

초등학교 2학년 때 구청에서 개최한 백일장에 나가 시를 써서 상을 받은 적이 있다. 어떤 내용인지는 까맣게 잊었는데, 어디서 본 글을 흉내 내서 적었던 기억이 있다. 모방한 글을 가지고 장원도 아니고 겨우 입선을 했는데도 꽤 으쓱한 기분이 들었다. 잘 썼다는 선생님의 칭찬을 들으니 진짜 잘 쓰는 사람이 된 것 같았고, 꽤 오랫동안 시인을 장래 희망으로 삼았었다.

다행스럽게도(?) 나는 시인이 되지는 못했지만 쓰는 일을 직업으로 가지게 되었다. 나는 왜 쓸까? 밥벌이하려고 쓴다. 글쓰기, 정확하게 말하면 광고의 아이디어를 짜내고 카피를 쓰는 일은 내게 생활비를 준다. 새로운 것을 만드는 재미도 따라온다. 금전적 보상에 즐거움까지 얻으니 얄팍한 재능에 비해 과분한 행운이다.

글쓰기가 직업이 아닌데도 써야 할까? 쓰는 행위는 자기 자신을 다시 확인하는 일이다. 내가 어떤 사람인지, 무엇을 느끼고 있는지, 어디로 가고 싶은지를 알아차리는 행위다. 왜 쓰는지, 왜 쓰고 싶은지 스스로 묻고 답을 찾자. 답을 얻으면, 쓰게 될 것이다.

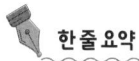
한줄요약

'왜 쓰는가?'라는 질문이 쓰는 행동으로 이어진다.

#29 _____ 독자

무학_영상 광고_청춘소주_2040 편_2020

청춘 맞나?
청춘 맞다!
취향 확실 청춘 맞다.
칼퇴 민족 청춘 맞다
뭐든 신나 청춘 맞다
팽팽하다 청춘 맞다
체력 봐라 청춘 맞다
덕질 삼촌 청춘 맞다
청춘 이 맛에 산다
청춘 청춘 청춘소주

누구에게
내 글을 읽게 할까?

 광고를 만들 때 가장 먼저 하는 일 중 하나는 목표 타깃 설정이다. 누구에게 팔 상품인지 알면 아이디어 내는 일이 훨씬 수월해진다. 새로 출시된 게임이라면 10대 후반에서 20대 초반의 게임 마니아들이 1차 목표 집단이 될 것이고, 관절에 좋은 건강 보조 식품이라면 50대 이상의 중년층이 핵심 타깃이 될 것이다. 누가 타깃이냐에 따라 광고 모델이 달라지고 광고의 톤과 분위기가 달라진다.

 글을 쓰는 일도 마찬가지다. 10대가 읽었으면 하는 글을 사자성어가 난무하는 고어체로 쓰거나 30대 직장인에게 쓰는 글을 초등학생에게 어울리는 문체로 쓴다면 목표로 하는 독자들이 읽을 기회는 현저하게 줄어들 것이다.

 알코올 도수 16.9도 소주를 시장에 가장 먼저 선보인 주류 회사 무학이 2020년에 출시한 '청춘소주'의 광고 영상을 보자. 청춘소주는 제품의 이름에서부터 목표 집단을 '청춘'이라고 명시했다. 영상 속에서 건강미 넘치는 모델은 경쾌한 춤과 발랄한 표정, 장난기 넘치는 카피로 청춘이 지닌 특성을 보여 주고 공감을 유도한다. 재미있는 일러스트와 빠른 편집, 중독성 있는 리듬이 광고가 아니라 만화를 보는 것 같은 느낌을 준다. 취향이 확실하고 칼퇴근을 추구하며, 뭐든 신나게 하고 '덕질'에 주저하지 않는다면 나이가 들었어도 '청춘'이라고 광고는 반복해서 강조하고 있다. 20대는 물론, 모든 세대의 생활 속에서 '청춘'을 공감할 수 있는 에피소드를 엮었기에 영상 제목도 '2040 편'이라고 달았다. 1차 광고 타깃은 20대, 2차 타깃은 마음은 여전히 20대인 3, 40대라는 사실을 알 수 있다. 무학의 '청춘 콘텐츠'는 유튜브 공개 후 두 달여 만에 300만 회에 가까운 조회 수를 돌파하는 뜨거운 반응을 얻었다.

광고는 "청춘 맞나?"라는 질문으로 시작한다. 청춘의 나이를 살고 있는 사람이 들으면 내 얘기인가 하고 주목할 만한 미끼다. 이어서 "청춘 맞다!"라는 가사를 단순한 리듬의 짧은 노래인 송트 형식으로 반복해서 들려준다. 청춘의 시절을 지난 사람이 들으면 '나도 저 때는 저랬지' 옛날을 떠올리며 소주 한잔을 찾게 될 카피다.

글을 쓰기 전에 내 글을 읽을 대상을 구체적으로 정하자. 특정한 한 사람을 생각하고 그에게 말하듯이 쓰면 더욱 좋다. 목표 독자가 읽고 싶은 이야기, 흥미로워할 이야기를 쓰자. 그가 자주 쓰는 단어와 문체를 사용해서 쓰자.

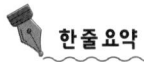
한줄요약

쓰기 전에 내 글을 읽었으면 하는 독자를 설정하자.

#30 _____ 목적

덮어 놓고 낳다 보면 거지꼴을 못 면한다.

보건사회부_가족계획 독려 표어_1960년대

그때는 맞고
지금은 틀린 캠페인

 글을 쓸 때 무엇을 하기 위해 글을 쓰는지를 정하면 쓰기가 훨씬 쉽다. 맛집을 알리고 싶은지 물건을 팔고 싶은지 눈물을 흘리게 하고 싶은지 등의 목표에 따라 글의 형식이나 문체, 구성이 달라진다. 사적인 글쓰기라도 마음속에서 쓰는 이유를 생각하고 시작하면 글이 훨씬 쉽게 풀린다. 목표나 의도가 명확하게 드러난 문장이 뭐가 있을까 사례를 찾으니 가족계획을 권하는 표어가 눈에 띈다.

 1953년 한국 전쟁이 끝난 뒤 우리나라의 출생아 숫자는 급격하게 증가했다. 1960년에 108만 명의 신생아가 태어나 역사상 최고점을 기록한 뒤 1971년까지 줄곧 100만 명이 넘는 아기가 태어났다. 이 시기 태어난 이들은 평균 5.2명의 형제자매를 두고 있을 정도로 집에 아이가 많았다. 여성 한 명이 가

임기(15~49세)에 낳을 것으로 기대되는 평균 출생아 수를 말하는 '합계 출산율'이 1960년에는 6.16명이었다. 인구 증가율은 높았고 식량이나 여러 자원 부족을 이유로 가족계획 운동의 필요성이 대두되었다.

가족계획 운동은 처음에는 외국인 선교사나 대한어머니회와 같은 민간인의 주도로 이루어지다가 1960년대에 정부 주도 정책으로 바뀌었다. 특히 5·16 군사정변으로 설립된 제3공화국은 인구 증가 억제를 빈곤 문제 해결의 차원에서 중요시했고, 가족계획 사업을 경제 개발 계획의 일환으로 추진했다. 인구 증가를 막기 위해 정부는 요즘의 저출산 추세에서는 상상도 할 수 없는 산아 제한 정책을 펼쳤다. 아이를 적게 낳자는 정책 홍보를 위한 표어와 포스터가 관공서나 학교, 길거리 전봇대에까지 흔하게 나붙었다. 이때의 표어 중 하나가 "덮어 놓고 낳다 보면 거지꼴을 못 면한다"였다.

무슨 말을 하는지, 무엇을 하라는 것인지 명확하게 보이는 문장이다. 아이가 많은 사람이 보면 가슴이 뜨끔할 열여섯 글자다. 먹을 것이 풍부하지 못하고 모두가 가난했던 1960년대에는 아이가 많으면 하루 세끼 아니 두 끼 먹기도 힘들었을 것이다. 깡통을 들고 밥을 얻으러 다니는 거지가 흔했던 시절이었다. 꾸미지 않고 구어체로 쓰인 이 강력한 표어는 '아이를 많이 낳지 말자'라는 명확한 목적에 충실하게 부합했다.

가족계획 표어는 1970년대의 "딸·아들 구별 말고 둘만 낳아 잘 기르자"에서 1980년대에는 급기야 "둘도 많다"가 되었다. "하나씩만 낳아도 삼천리는 초만원"이라는 헤드라인이 등장한 때도 1980년대이다. 그 결과 1984년부터 연간 출생아 수가 60만 명대로 줄었고, 합계 출산율은 1명대를 기록했다. 1990년에는 인구 증가율이 0.99%로, 1% 아래로 떨어졌다. 그리고 2025년 1분기 우리나라의 합계 출산율은 0.82명에 불과했다. 우리나라는 세계가 주목하는 '인구 위기' 국가가 되었다. 결과만 놓고 보면 우리나라의 가족계획 표어들은 목표를 초과 달성하고 조기 달성한 훌륭한 광고 카피였던 셈이다.

한줄요약

어떤 목적을 위해 쓰는지, 쓰기 전에 자문해 보자.

#31 _____ 진정성

덕상재조선세창양행고백 德商在朝鮮世昌洋行告白

세창양행_신문 광고_1886

솔직한 처음 한 줄이
계속 읽을지 말지를 결정한다

우리나라 최초의 상업 광고는 1886년 2월 22일 「한성주보」라는 신문에 실린 세창양행의 광고이다. 그림이나 사진이 전혀 없는, 순한문으로만 만들어진 광고였다. 제일 윗줄만 오른쪽에서 왼쪽으로 읽는 가로쓰기였고 나머지 내용은 모두 세로쓰기로 쓰여 있다.

광고는 첫머리에 대뜸 수매각화收買各貨, 즉 사는 물건의 목록을 나열한다. 사겠다는 품목은 호랑이·수달·검은담비·소·말·개 등의 가죽과 소·말·돼지의 꼬리와 갈기와 뿔, 사람의 머리카락, 조개와 소라, 종이, 담배, 오배자, 옛날 동전 등 20종이었다. 팔겠다는 물건은 자명종, 요지경peep show, 뮤직 박스, 호박, 유리, 각종 램프, 서양 단추, 서양 직물, 염색한 옷과 염료, 서양 바늘, 서양 실, 성냥, 서양 허리띠, 낙타 천 등이다.

헤드라인이라고 할 수 있는 한 줄은 광고의 가운데 아래 위치한 '덕상재조선세창양행고백'이다. 덕상德商은 독일의 상사라는 뜻이다. 광고를 낸 주체는 세창양행이라는 독일 무역회사인데 홍콩, 상해와 톈진, 일본 고베, 인천 등에 지점을 설립했다고 한다. 세창양행은 우리나라 최초의 광고주인 셈이다. 고백告白은 광고의 중국식 표현이라고 한다. 19세기 말의 사람들에게 고백이라는 말이 어떤 뉘앙스를 풍겼을지는 알 길이 없지만, 21세기 인류의 눈에는 뭔가 쉽게 말하기 어려운 은밀한 비밀이나 진실을 말해 줄 것 같은 기대를 가지게 한다.

　고백의 내용을 살펴보자. "물품의 구색을 갖추어 공정한 가격으로 팔고 있으니 모든 손님과 상인은 찾아와 주시기 바랍니다. 아이나 노인이 온다 해도 속이지 않을 것입니다."라고 적혀 있다. 미사여구 없이 무심하게 적은 글에서 진정성이 느껴진다.

　세창양행의 광고는 7월 5일 자 제23호까지 약 6개월 동안 게재됐다. 「한성주보」는 창간호부터 사고社告인 '본국 공고本局公告'란에 이런 글을 실었다. "농공업과 기타 모든 영업을 하는 사람으로서 자기의 업을 널리 알리고자 하면 박문국에 와서 자문하시기 바랍니다. 그러면 상세히 기재하여 본보를 구독하는 내외의 사상士商에게 알리도록 하겠습니다." 광고주를 구한다는 내용의 공고다. 그 결과 처음 실린 광고가 여기 소개한 세창양행의 광고였다.

"~고백"이라는 헤드라인은 140여 년 전보다 오늘의 우리에게 더 눈길을 끄는 문장인지도 모르겠다. 클릭을 유도하는 낚시성 헤드라인에 지친 사람들에게, 멋 부리지 않은 소박하고 솔직한 한 줄은 글을 계속 읽게 만드는 충분한 동기가 된다.

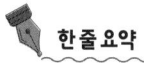 한줄요약

진실하고 인상적인 첫 문장으로 독자를 사로잡자.

#32 _____ 길이

선영아
사랑해!

마이클럽닷컴_옥외 광고_2000

길게? 짧게?
길이는 중요하지 않아!

 2000년 3월, 전국에 있는 선영이들을 설레게 만든 플래카드와 포스터가 전봇대, 지하철 광고판, 나무 기둥 등 거리 곳곳에 나붙었다. 서울의 번화가는 물론 전국 주요 도시에 내걸린 출처를 알 수 없는 플래카드의 내용은 고작 여섯 글자, "선영아 사랑해!"가 전부였다. "선영아 사랑해!"는 순정파 남자의 사랑 고백이라는 추측에서부터 총선에 출마하는 '선영'이라는 이름의 후보가 내건 것이라는 소문까지 돌며 많은 사람의 관심과 언론의 주목을 받았다. 지하철 광고를 집행한 서울특별시지하철공사에는 선영이가 누구냐는 문의 전화가 빗발쳐 광고 담당자가 업무를 보지 못할 정도였다고 한다.

 전국을 떠들썩하게 만든 "선영아 사랑해!"는 여성 포털 사이트 마이클럽닷컴의 티저 광고였다. 티저 광고란 정식으로 제품이 출시되기 전에 제품의 일부분만을 보여 주거나 불완전한 정보만을 제공해 소비자의 호기심과 기대감을 높여 효과를 극대화하는 광고 기법이다.

"선영아 사랑해!"는 50억 원의 광고비를 써서 800억 원의 광고 효과를 낸 캠페인이라고 한다. 평범한 짧은 문장의 힘을 극단적으로 보여 주는 사례다. 두세 개의 단어, 열 글자 남짓으로 이루어진 글도 큰 울림과 감동을 줄 수 있다.

짧은 글의 효과를 나도 직접 경험한 적이 있다. 지난 6월 막내의 생일날, 맞춤법도 맞지 않는 문자를 받았다.

"나아 주셔서 감사합니다."

겨우 열 글자, 그런데도 눈물이 핑 돌았다. 우리 막내가 어느새 이렇게 의젓하게 컸구나! 아이를 키우면서 힘들었던 기억은 모두 연기처럼 사라지고 순수한 기쁨이 온몸에 차올랐다. 평소에는 친구에게 문자를 보낼 때도 띄어쓰기를 틀리지 않으려고 사전을 찾아보는 유난을 떨면서, 아이가 보낸 문자는 맞춤법이 틀렸든 말든 상관없이 황송하기만 했다. 기분이 좋아진 아들 바보 엄마는 열 글자의 서너 배나 되는 답을 보내고 생일 선물에 쓸 예산까지 대폭 올렸다. 막내의 열 글자는 엄마의 기분을 둥둥 띄워 주는 심리적 효과에 더해 경제적 효용 가치까지 지니게 된 셈이다.

내 생일엔 부모님의 축하를 받기 전에 먼저 편지를 쓰자. 꼭 종이에 손글씨로 쓸 필요는 없다. 핸드폰 문자로도 충분하다. 열 글자, 아니 "엄마 고마워", "아빠 사랑해"라는 다섯 글자로도 얼마든지 고단한 부모님의 마음을 행복하게 만들 수 있다. 빵 한 조각 살 수 없는 평범한 글이 부리는 놀라운 마법이다.

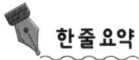
한줄요약

때로는 한 줄로도 마음이 움직인다.

#33 연애편지 1

오겡끼데스까?
와타시와 겡끼데스.

おけんきですか? 私は元氣です.

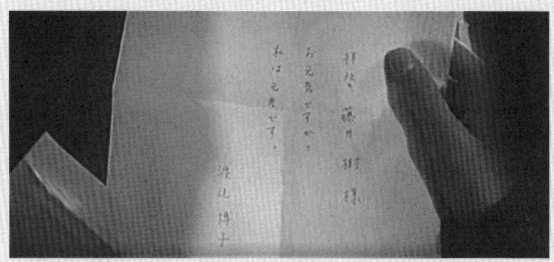

영화 「러브레터」_주인공 히로코가 쓴 편지_1999

사랑에 빠지면
편지가 쓰고 싶어진다

 절절한 사랑의 마음을 죽은 이에게 편지로 써서 보낸 이야기를 소재로 만든 영화가 있다. 1995년에 만들어진 이와이 슌지 감독의 「러브레터」가 그것이다. 여자 주인공 히로코는 2년 전에 조난 사고로 죽은 남자 친구인 후지이 이츠키에게 편지를 쓴다. 그가 다녔던 중학교 앨범에서 우연히 발견한 남자 친구의 주소로 편지를 보냈는데, 그 주소는 애인과 동명이인인 다른 사람의 주소였다. 히로코는 왜 죽은 이에게 편지를 썼을까? 받을 수 없는 줄 뻔히 알면서도 쓰지 않고는 배길 수 없었기 때문에 썼을 것이고, 못다 한 말이 너무나 많은데 갑작스러운 죽음을 받아들일 수 없기 때문에 보냈을 것이다.

 편지에 쓴 문장은 단 두 줄.

 "오겡끼데스까? 와타시와 겡끼데스."

"잘 지내시나요? 저는 잘 지냅니다."라는 뜻이다.

가슴이 '쿵' 하고 내려앉는다. 애인이 죽고 2년, 매일매일 그를 생각하고 그에게 얘기했을 수많은 말 중에 정작 편지에 쓴 말은 평범한 안부 두 줄이다. 겨우 두 줄이지만 죽은 이들의 나라에서 애인이 잘 지내기를 바라는 간절함이 담겨 있다. 죽어서라도 남은 사람을 걱정할까 봐 나는 잘 지낸다고 거짓말을 하는 순수한 마음이 들어 있다. 세상에서 가장 애절한 연애편지가 아닐까 싶다.

누구에게나 쓰지 않고는 견딜 수 없는 순간이 있다. 마음이 울렁울렁하고 손가락이 근질근질하고 누구라도 붙잡고 속을 털어 보여 주고 싶은 순간. 혼자 빙그레 웃기도 하고 가슴을 쥐어뜯기도 하는…. 사랑에 빠진 그 순간에 우리는 빈 종이를 꺼내 놓고 마음속에 들끓는 수백만 개의 단어를 쏟아 내게 된다. 그것을 우리는 연애편지라 부른다.

하지만 막상 연애편지를 쓰려면 무슨 말을 써야 할지 막막해진다. 그런데도 쓰고 싶다. 하루 종일 같이 있다가 금방 헤어졌는데도 하고 싶은 말이 남아 있는 것 같은 기분이 든다. 그렇다면 우선 편지지를 꺼내자. 편지지가 없으면 A4 용지나 메모지라도 좋다. 기왕이면 손글씨로 쓰자. 마음속을 꽉 채우고 있는 사랑을 글이 미처 다 표현하지 못한다면 "보고 싶어."

라고 한 줄 쓰자. 내가 사랑하고 나를 사랑하는 사람이라면 한 줄 뒤에 숨은 천 마디의 말을 다 읽을 수 있을 것이다.

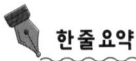 **한 줄 요약**

연애편지라면 "보고 싶어." 한 줄만으로도 베스트셀러가 된다.

#84 연애편지 2

난 네가 22도에도 감기에 걸리는 걸 사랑해.
네가 샌드위치를 주문하는 데 한 시간 반이
걸리는 것도 사랑해.
난 네가 나를 미친 사람 보듯 쳐다볼 때 코 위에
생기는 작은 주름을 사랑해.
너와 하루를 보낸 뒤에 내 옷에 남아 있는
네 향수 냄새를 맡을 수 있는 것을 사랑해.
그리고 내가 잠들기 전에 마지막으로 이야기하고
싶은 사람이 너라는 사실을 사랑해.

영화 「해리가 샐리를 만났을 때」_포스터_1989

나에게만 보이는 네 모습을
연애편지에 써 볼까?

「해리가 샐리를 만났을 때」는 로맨틱 코미디 장르를 대표하는 사랑스러운 영화다. 영화의 줄거리는 성격도 취향도 너무 달라서 절대 친구조차 될 수 없다고 생각했던 해리와 샐리가 12년 동안 우연한 만남을 거듭하며 티격태격하다가 결국 사랑을 깨닫고 결혼한다는 내용이다.

예로 든 문장은 해리가 샐리에게 그녀의 어떤 점을 사랑하는지 설명하는 장면의 대사이다. 12월 31일 밤, 갑자기 나타나서 사랑한다고 말하는 해리에게 샐리는 연말이고 외로워서 그러는 거라고 해리의 감정을 부정한다. 그러자 해리는 샐리의 평소 모습을 아주 자세하게 나열하며 그 모든 것을 사랑한다고 고백한다. 샐리는 그 고백에 감동의 눈물을 흘리고 영화는 해피엔드로 끝난다.

해리는 어떻게 그렇게 감동적인 고백을 할 수 있었을까? 자세히 보았기 때문이다. 애정을 가진 사람의 눈에만 보이는 표정, 습관, 약점까지 알아채고 기억하고 받아들였기 때문이다. 대단한 이벤트도 없고 커다란 다이아몬드 반지도 없는 프러포즈가 두고두고 사랑 고백의 명장면으로 꼽히는 이유는 별 볼 일 없는 사소한 것까지 주목한 진정성 때문이다.

"그 사람 어디가 좋아?"

가끔 우리는 사랑에 빠진 친구에게 이렇게 묻는다. "엄마가 더 좋아, 아빠가 더 좋아?" 다음으로 바보 같은 질문이다. 그런 질문을 하면 대개 "그냥 다 좋아."라는 대답이 돌아온다. 맞는 말이다. 어디가 좋은지 콕 집어서 말하기는 어려운데 그냥 좋은 게 바로 사랑이다.

하지만 연애편지는 다르다. "보고 싶어." 한 문장으로 감동을 주었다면 다음엔 디테일이 살아 있는 글로 놀라움을 안겨 보자. 가만히 내가 좋아하는 연인의 모습을 떠올리면 쉽게 쓸 수 있다. 커피잔을 꼭 왼손으로 쥐거나, 길을 걸을 때 오른쪽에 서는 것을 좋아하거나, 영화 볼 때 바질 어니언 팝콘만 먹는다거나 하는, 본인도 미처 알지 못하는 버릇이 생각날 것이다. 나 혼자만 아는, 나 혼자만 볼 수 있는 귀여운 모습도 있을 것이다. 그 사소한 것들을 글로 쓰면 진심이 담긴 연애편지가 된다. 디테일이 살아 있기 때문에 나의 애정을 구체적으로 증언하는 문장이 된다.

 한줄요약

연인의 사소한 디테일을 기억해서 쓰면 진정성 넘치는 연애편지가 된다.

#35 _____ 생일

No.1 Only 1 Best 1 정동원
지구에서 가장 예쁜 우주 정동원
태어나 줘서 고마워 정동원
영원히 꽃길만 걷자 정동원
우주총동원의 이쁨과 행복 정동원
어제보다 오늘 더 많이 사랑해 정동원

정동원 생일 축하 광고_삼성역 디지털 미디어 터널_2024

생일 축하 문자로
글쓰기 연습을 한다고?

아침 출근 시간의 삼성역 5, 6번 출구 방향의 지하 통로. 종종걸음 치는 직장인들 사이에 4, 50대 이상으로 보이는 여인 10여 명이 핸드폰으로 사진을 찍고 있었다. 출근하는 사람 같지는 않은데 뭐지? 호기심에 살펴보니 가수 정동원의 생일 축하 동영상이 통로 벽면에 상영되고 있었다. 정동원 공식 팬클럽 '우주총동원'의 후원으로 삼성역 통로 14개 패널에 집행된 생일 축하 광고였다.

유명인의 팬들이 진행하는 옥외 광고는 대표적 팬덤 활동의 하나다. 좋아하는 연예인에게 축하나 응원을 보내는 의미에서 지하철이나 버스 정류장, 도심의 대형 건물 외벽 등에 애정 어린 광고를 게재하는 것이다.

축하하는 문장을 한 줄씩 읽으며 걸었다. 내가 사랑하는 가수가 '태어나 줘서 고맙고' '어제보다 오늘 더 많이 사랑'하는 팬들의 마음이 꾸밈없이 날것으로 적혀 있었다. 소리 내서 말하면 좀 쑥스러울 수도 있는 얘기들인데 출퇴근할 때마다 지나치다 보니 나도 누군가의 생일에 저런 간지러운 축하 메시지를 보내 볼까 하는 생각이 들었다.

SNS나 카카오톡에 생일을 알려 주는 기능이 있다. 그래서 알게 된 지인의 생일이 되면 꽃다발이 그려진 이모지를 고르고 축하의 글을 고민한다. 가까운 사람이면 쓰는 게 좀 쉽고, 온라인에서만 소통하는 사이라면 상투적인 문구 말고는 쓸 말이 잘 떠오르지 않는다.

어떤 음식을 좋아하는지 어떤 취미가 있는지 어떻게 웃고 어떻게 시간을 보내는지, 생일을 맞은 지인의 평소 모습을 떠올려 보자. 딱 1분만 그와 사랑에 빠졌다고 상상하고 내가 좋아하는 그의 모습을 생일 축하 메시지에 적어 보자. 축하를 받은 지인은 어쩌면 자신도 알아채지 못했던 스스로의 모습을 발견하고 기뻐할 것이다. 혹은 생일을 맞은 지인을 생각할 때 가장 먼저 떠오르는 단어나 사물을 나열하면서 축하하는 것도 좋은 방법이다. 예를 들어 "장미, 파란 하늘, 진한 커피 향기를 떠오르게 하는 내 친구야, 생일 축하해!"라고 적는 거다. 자주 만나는 일이 없어서 자세히 모르는 사람이라면 거시적인 맥락에서 그와 내가 공유하고 있는 공통점을 적는 것도 한 방법이다. 내가 가끔 쓰는 문장은 "138억 년 우주의 역사 중에 같은 시간, 같은 공간을 함께 공유하는 기적에 감사해."이다.

사람들과 부대끼며 사는 한 피할 수 없는 생일 축하 글쓰기, 시간과 정성을 들인 만큼 즉각적인 효과가 나타나는 쓸모 있는 글쓰기 연습장이다.

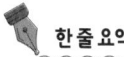 한줄요약

생일 축하 문자를 쓰기 전에 딱 1분만, 축하받을 사람과 사랑에 빠져 보자.

#36 _____ 댓글

이쁘게 선플 다는 학생들을 보면서 저도 선플 달기에 동참하겠습니다. 깨끗하고 따뜻한 댓글 문화 응원합니다! 직딩들도 화이팅!

> @CustardHotteok 1 year ago
> 안녕하세요 서울 해운회사에 다니는 36세 직장인입니다. 도덕선생님의 아이디어 너무 좋고 이쁘게 선플다는 학생들을 보면서 저도 선플달기에 동참히겠습니다. 깨끗하고 따뜻한 댓글문화 응원합니다! 직딩들도 화이팅!
> 👍 932 👎　　Reply

유튜브 채널 '스브스 뉴스' 댓글

댓글 한 줄로
쉽게 시작해 볼까?

　글쓰기라고 의식하지 않으면서 쓰는 글이 있다. 유튜브, SNS 등의 온라인 게시물에 다는 댓글이 대표적인 예이다. 익명이 보장되는 댓글은 칭찬보다 혐오나 분노를 조장하는 내용이 더 많은 것처럼 느껴진다. 인터넷 게시판이나 뉴스 기사 등의 댓글 창에 사실 왜곡이나 허위 사실을 유포하여 여론을 조작하는 '댓글 알바'와 '댓글 부대'까지 존재한다. 그래서 나는 내 SNS 게시물에 지인들이 달아 준 댓글 이외에는 거의 댓글을 읽지 않는다.

　그러다 영상보다 더 긴 여운을 남기는 댓글을 보았다. 스브스뉴스의 「100만 유튜버가 감동하는 중학생 댓글 부대(feat. 주둥이방송)」 영상에 달린 댓글들이다. 영상은 한 중학교 학생들이 도덕 수업 시간의 숙제로 실천하는 선플(착한 댓글) 활동을 소개하고 있었다. 선플 달기를 숙제로 내 주는 도덕 선생님과 쑥스러워하며 선플을 달았던 학생들이 나와서 몇 줄의 착한 댓글이 불러온 감동을 이야기했다. 그 영상 아래의 댓글 창은 906개의 선한 댓글로 가득 차 있었다.

> "현대에 맞는 도덕 교육인 것 같네요 :) 선플 보기 좋습니다."
> "세상에 악플이 없어질 때까지 이 활동은 계속되면 좋겠어요."
> "좋은 수업, 좋은 교육이네요. 응원합니다!"

댓글은 대부분 길지 않았다. 한두 줄이 끝이었다. 하지만 영상을 본 사람들의 감탄, 격려, 존중, 공감, 다짐 같은 감정을 그 짧은 한 줄은 충분히 표현하고 있었다. 길이는 짧지만, 의미는 그 어떤 긴 문장보다 크고 진했다.

댓글은 내가 본 것에 대한 반응인 동시에 창작이다. 댓글은 설명보다는 느낌을, 주장보다는 공감과 여운을 표현한다. 댓글을 잘 쓰는 사람은 글을 잘 쓸 가능성이 높다. 왜냐하면 그들은 말보다 문장으로 감정을 주고받는 훈련을 일상적으로 하고 있기 때문이다. 좋은 댓글은 좋은 문장이 될 수 있고, 좋은 문장은 결국 좋은 사람이 남긴다.

친구의 SNS 게시물이나 좋아하는 유튜브 영상을 보고

감동이나 즐거움을 느꼈다면 그것을 짧은 댓글로 옮겨 보자. 단순한 안부라도 정성을 들여 보자. 글쓰기가 어렵게 느껴진다면, 누군가를 진심으로 응원하는 댓글 한 줄부터 써 보자. 그 한 줄이 앞으로 수많은 문장을 이끌어 낼 첫 문장이 될지도 모른다.

 한줄요약

댓글은 짧지만 강한 글쓰기의 출발점이다.

#37 여행

이 도시와 비밀을 만들다

여행지에서는 스스로도 뜻밖의 일을
하고 싶어지기도 하고.
이 도시만이 그런 나를 목격한다.
단단히 입막음하고 다음 도시로 나아간다.

일본 철도(JR)_인쇄 광고_청춘18티켓_1991년 겨울

어쩌면
나도 여행 작가?

　인천공항공사에 따르면 2025년 5월 황금연휴 기간 동안 하루 평균 21만 384명이 인천 공항을 이용했다. 이는 지난해 같은 기간보다 10.1% 증가한 수치다. 코로나19 팬데믹 이전인 2019년 인천 공항 하루 평균 여객 수를 뛰어넘는 수치다. 이 숫자는 문밖 출입도 꺼리게 하던 전염병이 물러가자 다시 여행 욕구가 뿜어져 나오고 있다는 사실을 보여 주고 있다. 팬데믹에 갇혀 살던 3년은 언제 하늘길, 육지 길이 막힐지 모르니 떠날 수 있을 때 떠나야 한다는 생각을 머릿속에 강하게 심어 주었다.

　비행기도 물론 좋지만 가볍게 떠난다면 기차를 타는 게 좋을 것 같다. 먼 길도 단숨에 도착하는 고속 열차 대신, 이름도 생소한 간이역을 돌고 돌며 들판과 바다의 풍경을 창에 가득 들여놓아 주는 완행열차를 타면 좋겠다. 덜컹덜컹 흔들리며 가다가 기차가 멈췄을 때 차창 밖 정경이 마음을 흔들면 뛰어내리는 거다. 간이역에 내리는 이는 나 혼자뿐이고, 나이 지긋한 역장은 꾸벅꾸벅 졸다가 화들짝 놀라 깨어 이 마을엔 누굴 찾아왔는지 묻는다.

아무도 나를 모르는 낯선 마을에 내려서 평소의 나와는 완전히 다른 내가 되어 보자. 남의 눈을 의식하느라 입지 못했던 옷을 차려입거나, 평소의 성격과 정반대로 행동해 보는 것도 재미있겠다. 여행하는 도시와 누구에게도 말하지 않을 비밀을 만들고는 시침 뚝 떼고 다른 도시로 떠나는 거다.

여행에 대한 이런 마음을 한 장의 포스터로 아주 잘 표현해 보여 주는 것이 일본 철도의 '청춘18티켓' 광고다. 청춘18티켓은 5일 동안 신칸센과 급행을 제외한 보통 등급의 JR 열차를 무제한으로 탈 수 있는 기차표다. 고등학교를 막 졸업한 대학 새내기들을 주 대상 승객으로 만든 상품이지만 연령 제한 없이 누구나 이용할 수 있다. 1982년 시작해서 역사가 오래된 만큼 엄청난 수의 인쇄 광고가 만들어졌다. 그중 어느 하나도 여행을 떠나라거나 기차표를 사라고 직접 말하지는 않는다. 그러나 숨 막힐 듯 아름다운 사진과 인생의 비밀을 알려 주는 것 같은 카피 한 줄을 보면 떠나야겠다는 생각이 저절로 든다.

　여행길 위에서는 누구나 사진사, 여행 작가가 된다. 나의 모험을 한 장의 사진에 기록하자. 나의 느낌을 한 줄의 문장으로 저장하자. 여행지에서 돌아온 뒤 이 글과 사진을 모아 편집하면 훌륭한 '디카 시집'이 될 것이다. 여행의 기쁨을 열 배로 늘려 주는 여행 일기, 당장 이번 휴가 때부터 시작하자.

 **한 줄 요약**

여행할 때에는 하루 한 줄 여행 일기를 쓰자.

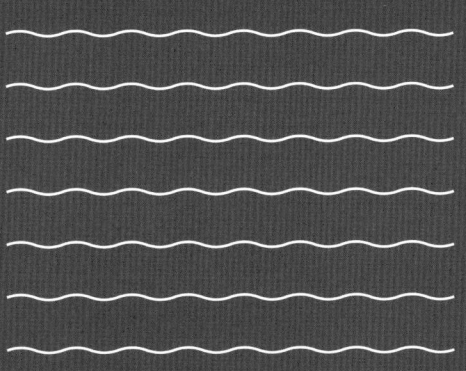

5장

내 문장의 꼴불견:
쓰기 전에 생각하고, 쓰고 나서 돌아보자

모호하고 볼품없는
문장을 만들고
글맛을 떨어뜨리는,
버려야 할 습관들

#38 _____ 외국어

스윗한 거.
스파이시.
아니다.
크리미한 거.

○○○ 치킨_TVCM_2024

보그 병신체와
판교 사투리

"What you wanna eat?"

"Sweet"

"Spicy"

"Wait"

"Creamy"

어느 치킨 광고의 자막이다. 온통 영어 단어인 자막 위로 흐르는 대사 또한 15초 광고 중 10초가 되도록 어미만 빼고는 거의 영어다. 아무리 어렵지 않은 단어라지만 저 단어의 뜻을 모르는 사람들은 아예 이 치킨을 먹지 말라는 뜻인가? 씁쓸하다.

2005년 5월, 한국광고자율심의기구에서 방송 광고 언어의 외국어, 외래어 심의 적용 기준을 완화하기 전까지는 TV 광고에 외국어를 쓰는 일이 엄격하게 금지되어 있었다. 우리말에 대체할 수 있는 단어가 있으면 외국어 단어를 방송 광고에 사용하는 일이 불가능했다. 규제가 풀린 후 겨우 10년 뒤, 방송통신심의위원회는 방송 광고에서 외국어를 사용할 수 있는 시간을 해당 광고 시간의 2분의 1 이내, 최대 15초로 제한하는 '방송 광고 내 외국어 사용에 관한 가이드라인'을 마련해야 했다. 시간을 제한해야 할 만큼 광고의 외국어 사용 비중이 늘었기 때문이다.

비단 광고에만 있는 현상이 아니다. 신기술이나 새로운 상품이 등장할 때, 그에 맞춤한 우리말 단어를 만드는 노력은 턱없이 부족하다. 패션 업계의 영어나 불어 사랑은 유난해서 '보그 병신체'라는 독특한 문체가 따로 있을 정도다. 「보그Vogue」라는 패션 잡지의 한국어판에 나오는 기사의 문체가 우스꽝스럽다고 해서 붙은 이름이다. "1920년대 재즈 시대의 프린지가 이토록 우아했나요? 봄을 맞아 캐서린 크리스털 휠, 메탈 프린지, 반짝이는 그로밋으로 장식한 프라다의 제안은 환상적인 테일러링으로 완성되었죠." 무슨 말인지 도무지 알 수가 없다.

IT 산업이 발전하면서는 '판교 사투리'가 등장했다. IT 업계 사람들은 조사 빼고는 거의 영어 단어로 이루어진 문장으로 대화를 나눈다고 한다. 예를 들면 "ROI도 문제지만 메인 이슈 사항은 와우 팩터가 부족하다는 것이니까 그 부분은 그레이스 님이 팔로우업 해 주시고 아삽으로 디벨롭 해서 다음 미팅에서 랩업 해 주세요. 린하게 진행합시다." 하는 식이다.

영어 단어가 지나치게 많이 섞인 글은 품위가 없어 보인다. 이런 단어도 알고 있다고 허세를 부리는 것처럼 보인다. 우리말의 풍부한 단어와 표현을 사용한 문장은 쉽게 읽힌다. 다정하고 편안하다. 습관적으로 외국어 단어를 쓰는 일을 자제하고 다양한 한글 단어를 익히고 쓰자.

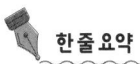 **한줄요약**

외국어 단어 대신 아름답고 쉬운 우리말 단어를 활용하자.

#39 _____ ~것 같다

정확히 알고 하시는 게 좋을 것 같아요.

AI로 만든 이미지

확실한 건 없고,
'~것 같다'만 많다?

 어느 스포츠 의학 박사가 근육 운동 방법을 설명하는 영상을 보다가 거슬리는 표현을 만났다. "정확히 알고 하시는 게 좋을 것 같아요." "노력하시면 좋을 것 같습니다." "의미를 찾을 수 없을 것 같아요." 그는 습관처럼 "~것 같아요."라는 말을 반복했다. 전문 지식을 충분히 가진 사람이 논란의 여지가 없는 정확한 사실을 전하면서, 확신이 없을 때 하는 형용사를 쓰고 있었다. 비단 그 박사만 이런 말을 자주 쓰는 것은 아니다. 뉴스에서 기자가 공연이나 전시를 본 관람객에게 소감을 물으면 많은 사람이 "아이와 같이 볼 수 있어서 더 좋은 것 같아요."라는 식으로 대답한다. 예능 프로그램에 출연한 출연자들도 "그러면 기쁠 것 같아요.", "맛있는 것 같아요."라는 말을 자주 한다. 내 기분과 느낌을 표현하는 데도 추측이나 불확실함을 전제로 하는 표현을 쓰는 것이다.

한국어에서 '~것 같다'는 추측(예: 눈이 올 것 같다)과 완곡한 표현(예: 저 방법이 더 나을 것 같다)으로 자주 사용된다. 하지만 이 표현을 남발하면 문제 있는 문장이 된다. 우선 '~것 같다'는 화자의 확신을 약화하므로, 명확한 주장이나 의견 전달을 방해한다. 나아가 책임을 회피하는 인상을 준다. 예를 들어서 공무원이 나와 "이 정책은 효과가 있을 것 같다."라고 말하면 정책의 효과가 없을 수도 있고 그 책임은 자신에게 없다고 말하는 느낌을 준다. 특히 공식적인 글쓰기나 발표에서 '~것 같다'가 반복되면, 글쓴이나 발표자의 전문성이 낮아 보일 위험이 있다.

또 '~것 같다'는 화자의 감정적 개입을 줄이는 역할도 한다. 이는 완곡한 표현을 만드는 효과로 작용할 수도 있지만, 독자의 공감을 이끌어 내는 데는 방해 요소가 된다. 영화를 보고 난 후 "그 영화는 감동적인 것 같았다."라고 소감을 쓰면, 글쓴이가 직접 경험한 사실이 아닌 것처럼 들린다. "그 영화는 정말 감동적이었다."라고 쓰는 것이 더 이해하기 쉽고 감정적 연결이 강해진다.

단정 지어 말하기 어려운 상황일 때는 '~것 같다'라는 서술어가 필요하다. 하지만 겸손의 뜻이나 완곡한 표현을 위해

'~것 같다'를 많이 쓰면 신뢰할 수 없거나 힘 빠진 문장이 된다는 점을 기억하자.

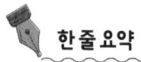 **한줄요약**

'~것 같다'라는 표현은 꼭 필요할 때만 쓰자.

#40 _____ 주어

정부가 침체한 내수 경제 회복을 위해 '2025 경제정책방향'을 발표한 가운데, 소상공인과 중소기업, 근로자를 위한 구체적인 경제 지원안도 담겼다.

「경기일보」 2025년 1월 2일 경제면 기사 본문 중에서

주어 찾아 삼만리?

우리말은 주어가 없어도 이해하는 데 큰 어려움이 없다. 일상적인 대화를 나눌 때는 거의 주어를 생략한다. "잘 잤어?", "밥 먹었어?", "다녀왔습니다!", "정말 예쁘다!" 이런 말들은 주어가 없어도 말하는 맥락 안에서 정확하게 이해할 수 있다. 주어 생략의 장점은 문장을 간결하게 하고 의사소통을 효율적으로 할 수 있다는 점이다. 자연스럽고 친근하게 대화할 수 있다.

한 연구 논문의 통계에 따르면 한국어에서는 주어 67.82%, 목적어 13.78%의 비율로 생략이 일어나고 있다. 영어에서는 주어가 31.5%, 목적어가 7.67%의 비율로 생략된다고 한다. 우리말의 생략 비율이 영어에 비해 두 배가량 높다. 한국어는 존대법이 발달했고 종결 어미가 다양하여 주체가 누구인지 쉽게 추측할 수 있고, 어순이 자유로운 언어라서 생략 현상이 잘 일어난다. 반면에 영어는 어순이 고정되어 있고 어순에 의해 격이 주어지므로 생략 현상이 잘 일어나지 않는다는 것이 논문의 설명이다.[***]

우리는 주어를 생략했는지 굳이 의식하지 않고, 주어가 없는 문장을 자유자재로 사용하고 알아듣는다. 일상 대화뿐 아니라 뉴스 기사나 상품을 설명하는 인터넷의 상세 페이지에서도 주어가 없는 문장을 자주 만난다. 하지만 기사나 공문, 논문처럼 정확한 전달이 중요한 글에서는 '누가 무엇을 했는지'를 분명히 밝히지 않으면 오해가 생길 가능성이 크다. 앞에서 예로 든 신문 기사는 두 문장이 '가운데'라는 명사로 연결되어 있는데 앞 문장과 뒤 문장의 주어가 다르다. 그런데 뒤의 문장에는 주어가 없다. 앞 문장의 주어 '정부'는 뒤 문장의 동사 '담겼다'와 서로 호응하지 않는다. 뜻을 모호하게 하는 잘못된 문장이다.

[***] 박청희, 「한국어와 영어의 생략 현상에 대한 통계적 접근―주어와 목적어의 생략을 중심으로―」, 『어문논집』, 민족어문학회, 2012.

정부가 침체한 내수 경제 회복을 위해 '2025 경제정책방향'을 발표했다. 여기에는 소상공인과 중소기업, 근로자를 위한 구체적인 경제 지원안도 담겼다.

이렇게 고쳐 쓰는 것이 좋다. 두 번째 문장의 주어 '여기'는 '2025 경제정책방향'를 대신하는 대명사이다.

정리하면, 우리말의 주어 생략은 대화에서는 유용할 수 있으나, 글쓰기에서는 독자의 이해를 돕기 위해 신중하게 사용해야 한다. 문맥에 따라 적절히 주어를 명시해야 글의 명확성과 가독성을 높일 수 있다.

 한 줄 요약

주어가 무엇인지 한눈에 알게 쓰자.

#41 많다/적다, 크다/작다

… 다른 곳 보다 바람의 영향이 적고 …

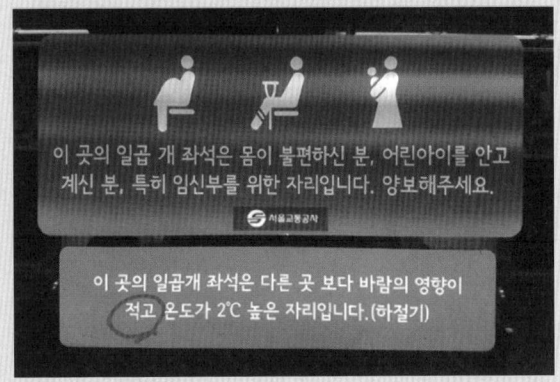

지하철 안내문

가능성은
적을까, 작을까?

　지하철에는 다양한 안내문과 광고물이 부착되어 있다. 승객들이 지켜야 하는 예절이나 노약자석 안내, 임산부 배려석에 대한 설명이 붙어 있고, 다양한 옥외 광고물이 탑승객의 눈길을 끌기 위해 아우성치고 있다. 차량 내부 부착물의 문안을 읽어 보면 맞춤법이 틀린 문장이 상당히 많다. 표현이 부자연스러운 광고나 무슨 말을 하는 것인지 도저히 해석이 안 되는 광고 카피를 만날 때도 있다.

　예시로 든 지하철의 약냉방 안내문을 보자. 바람의 영향은 많거나 적다고 표현하는 것보다 크거나 작은 것이 맞는 표현이다. 또 '적고'라는 단어를 굳이 허용한다고 해도 '바람의 영향이 적어'라고 해야 뒤에 나오는 '2℃ 높은'과 인과관계가 성립된다. 바로 윗줄에도 맞춤법의 오류가 있다. '이 곳의'는

'이곳의'로 붙여 써야 하고, '다른 곳 보다'가 아니라 '다른 곳보다'로 붙여서 써야 맞춤법에 맞는다. 서로 차이가 있는 것을 비교할 때 쓰는 '보다'는 명사 뒤에 붙는 조사이므로 '지금보다', '집에 간다기보다'처럼 앞말과 붙여 써야 한다. 또, '일곱개'는 '일곱 개'로 띄어 써야 한다. 많은 사람이 보는 공공 안내문인데 겨우 두 줄 안에서 네 군데나 틀렸다. 만드는 사람들의 무신경이 답답하다.

'많다/적다, 크다/작다'는 한국 사람들이 자주 틀리는 형용사이다. 각각 양을 말할 때와 크기를 말할 때 쓰는 표현인데, 적다와 작다를 쓸 때 특히 더 많이 틀린다. '작다'는 크기나 부피를 나타내며, '적다'는 수량이나 양을 나타낸다. '작다'의 반대말은 '크다', '적다'의 반대말은 '많다'이다. 이 두 쌍의 형용사는 각각 다른 개념을 나타내며, 잘못 사용하면 문장의 의미가 왜곡될 수 있다. 이런 구별은 공공 안내문이나 제품 광고, 기사 제목처럼 짧고 임팩트 있는 문장을 써야 하는 경우에 특히 주의가 필요하다. 표현 하나가 제품의 신뢰도를 좌우하고, 문장의 품격을 결정짓기 때문이다.

평소에 '많다/적다, 크다/작다'를 짝지어 외우고 있다가 쓰기 전에 속으로 말해 보는 습관을 들이면 틀리는 일이 줄어들 것이다. 그렇다면 가능성은? 작을 수도 있고, 적을 수도 있다. 국립국어원에 따르면 '가능성'의 뜻은 '앞으로 실현될 수 있는 성질이나 정도'인데, '정도'에 대해서는 '작다/크다', '적다/많다'를 다 쓸 수 있다. 하지만 가능성은 물리적 크기로 측정할 수 없는 개념이기 때문에 '가능성이 적다'라는 표현이 더 일반적이고 자연스럽다.

 한줄요약

'많다/적다, 크다/작다' 짝꿍을 잊지 말자!

#42 _____ 틀리다와 다르다

"(개와 고양이의) 동물적 특징들이 확실히
확연하죠?"
"너무 틀리죠."

우리는 모두 다르다,
그렇다고 틀린 것은 아니다

며칠 전, 유기 동물을 돌보는 보호자의 영상 인터뷰를 보았다. 대형견, 소형견 등 강아지는 물론이고 고양이까지 거의 100여 마리 가까운 동물을 돌보고 있는 분이었다. 말 한 마디 한 마디에 진심이 담겨 있었고, 유기된 동물을 아끼고 정성을 다해 거두는 마음이 느껴졌다.

그런데 그분이 하는 말 중에 유독 불편하게 들리는 말이 있었다.

"성격도 다 틀리고, 식성도 틀리고, 친한 애도 다 틀리고…."

돌보고 있는 동물들이 저마다 개별적인 특징이 있다는 뜻으로 '틀리다'라는 표현을 반복적으로 쓰고 있었다. 국립국어원에 따르면, 비교가 되는 두 대상이 서로 같지 아니하다는 뜻을 나타낼 때에는 '다르다'를 쓰고, 셈이나 사실 따위가 그르게 되거나 어긋난다는 뜻을 나타낼 때에는 '틀리다'를 써야 한다. 내가 본 유튜브의 인터뷰 내용을 다시 살펴보자. 동물의 성격, 식성, 친한 대상은 옳고 그름이 없다. 그냥 각자의 고유한 특징이다. 그런데 '틀리다'라고 표현하는 순간, 무의식적으로 '이건 맞고, 저건 틀려.' 하는 식의 비교와 평가가 따라온다. 그 말은 결국, '그래서 이 아이는 더 괜찮고 저 아이는 나쁘다.' 하는 식의 뉘앙스를 풍기게 된다. '다르다'를 써야 할 자리에 '틀리다'를 썼기 때문에 생긴 오류다.

'틀리다'와 '다르다'는 단지 단어 선택의 문제가 아니다. 표현하는 대상에 대한 우리의 태도를 나타내기도 한다. 우리는 종종 누군가의 말이나 행동이 자신의 생각과 일치하지 않을 때 "그건 틀렸어."라고 쉽게 말한다. 하지만 사실 대부분의 경우 그것은 '틀린' 것이 아니라 '다른' 것이다. 나와 다른 생각이나 취향을 가진 사람을 '틀렸다'라고 생각하는 순간 오해와 불신이 싹트게 된다. 그러니 꼭 기억하자. "정답이 틀렸다"는 맞지만, "성격이 틀렸다"는 잘못된 표현이다.

글쓰기를 단순하게 표현하면 끊임없이 단어를 고르는 일이다. 어떤 단어를 고르느냐에 따라, 같은 이야기도 전혀 다른 메시지를 줄 수 있다. 다름을 틀림으로 쓰지 않는 것은 문법을 지키는 일이기도 하지만, 내 말을 듣거나 글을 읽는 사람의 마음을 지키는 일이기도 하다.

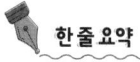 **한 줄 요약**

'틀리다'와 '다르다'를 제대로 구별해 쓰자.

#48 동어 반복

인천 공항 쉽고 빠르게 출국하고 싶다면?
인천 공항 스마트패스!

동어 반복은
제발 그만!

 지하철 9호선에서 흔들리고 있던 내 눈에 광고 문구 하나가 들어왔다. 스마트패스를 사용하면 인천 공항에서 쉽고 빠르게 출국할 수 있다고 안내하는 광고였다. 정보를 전달하는 데 큰 무리는 없었다. 그러나 표현에 아쉬운 부분이 있었다. 바로 '인천 공항'이라는 말이 너무 가까운 거리에서 반복되고 있다는 점이었다. 동어 반복은 글쓰기에서 가장 피해야 할 것 중의 하나다.

 글에서 중요한 내용을 강조하기 위해 반복을 활용하는 경우가 있다. 하지만 앞의 사례는 굳이 강조할 필요가 없는 '인천 공항'을 아래와 윗줄에 붙여서 반복하고 있다. 읽는 사람의 눈을 피로하게 하고, 글의 밀도를 낮추는 역효과를 가져온다. 같은 단어가 반복되면 리듬이 단조로워지고, 문장이 무겹게 느껴진다. 독자는 의미를 되새기기보다, 이미 읽은 말을 또 읽는 것에 지루함을 느낀다. 똑같은 단어가 계속 나오면 미숙한 문장으로 느껴진다. 심한 경우 전달하고자 했던 중심 메시지마저 흐릿하게 만든다.

글쓰기를 잘하고 싶다면, 같은 말을 반복하지 말아야 한다. 동어 반복을 피하는 것은 그리 어렵지 않다. 의식적으로 한 문단, 한 문장 안의 단어를 살펴보고, 반복된 단어를 발견하면 다른 표현을 찾아서 고치면 된다. 예를 들어 '인천 공항'이라는 말을 두 번 쓰지 않으려면, 한 번은 '공항', 혹은 '출국장', '스마트 출입' 등으로 바꿔 부를 수 있다. 같은 뜻을 가진 다른 말로 바꿔 쓰는 것만으로도 문장이 풍부해진다.

같은 말을 피하기 어려울 때는 문장의 구조 자체를 바꾸는 것도 해결책이 된다. 앞의 예시를 이렇게 바꾸면 반복이 사라진다.

"출국이 빠르고 쉬워지는 길, 인천 공항 스마트패스를 만나 보세요."

같은 뜻을 다양한 단어로 말하는 것은 글쓰기에서 가장 근본적으로 연습해야 할 것 중의 하나다. 반복을 피한다는 것은 단순히 겹치는 단어를 빼는 일이 아니라, 내가 쓰는 단어 하나하나를 더 깊이 들여다보고, 다른 가능성을 고민하는 일이다. 국어사전을 가까이 두고 자주 펼쳐서 내가 쓰려는 단어와 같은 뜻을 가진 다른 단어를 찾아보자. 그 과정에서 글은 조금 더 풍성하고 섬세해진다.

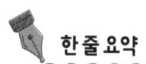
한 줄 요약

같은 뜻을 가진 단어들을 사전에서 찾아보고 다양한 단어를 쓰자.

#44. 과잉 존댓말

이쪽으로 오실게요.
티켓은 매진되실 수 있으스닙니다.

AI로 만든 이미지

문법을 파괴하는
과잉 존댓말

　병원이나 백화점 또는 음식점, 카페에 가면 지나친 존댓말을 흔하게 경험한다. "이쪽으로 오세요."라고 말하면 충분한데 "이쪽으로 오실게요."라고 얘기한다. 커피는 뜨거우시고 내게 맞는 크기의 신발이 있으시고, 날씨는 추우시다. 모두 서술어에 '-시'를 넣어 만든 엉터리 존댓말이다.

　'존댓말'의 국어사전 정의는 "사람이나 사물을 높여서 이르는 말"이다. 존댓말은 높임말과 같은 뜻인데 '아버님', '선생님' 따위의 직접 높임말, '진지', '따님', '아드님' 따위의 간접 높임말, '뵙다', '여쭙다', '드리다' 따위의 객체 높임말이 있다. 일반적으로 서술어에 선어말 어미인 '-(으)시-'를 붙이는 표현을, 문장의 주체를 높이는 주체 높임법이라고 한다. 국어 문법에 익숙하지 않으면 낯선 단어지만 조금만 참고 계속해 보자. 어미는 위치에 따라, 단어의 끝에 위치하는 어말 어미와, 어말 어미 앞에 위치하는 선先어말 어미의 두 가지가 있다. 어말 어미는 기능에 따라 종결 어미와 연결 어미, 전성 어미로 나뉘고, 선어말 어미는 시제를 나타내거나 높임의 뜻을 더해 주는 두 가지 종류로 나뉜다. 예를 들어 "부모님께서는 아주 건강하십니다."라는 문장은 부모님이라는 주체를 높이기 위해 '건강하다'라는 서술어에 '-시-'를 끼워 넣은 것이다.

2000년대 중반 즈음부터인가 선어말 어미의 쓰나미가 몰려오기 시작했다. 바른 높임법 사용과는 거리가 먼, 사물 존칭과 중복 높임이 난무하고 있다. 서비스업계의 고객 제일주의가 낳은 부산물이라는 해석이 지배적인데, 언어 파괴에 가까운 표현이 어느새 익숙해지고 있는 것 같아서 마음이 불편하다.

너무 과한 존댓말은 진정성이 없고, 형식적인 느낌을 준다. "이쪽으로 오실게요."처럼 어색한 표현은 가식적이거나 기계적으로 들릴 수도 있다. 과잉 존댓말은 한국의 예절 문화와 서비스 산업의 특성이 얽히며 생겨난 현상이지만, 이는 언어적 오류와 소통의 비효율을 초래할 수 있다. 이것은 말하기뿐 아니라 글쓰기에도 해당되는 진리다. 문법적으로 정확하고 상황에 맞는 존댓말을 사용해야 글쓴이와 읽는 사람 모두 편안하게 느낄 수 있다. 진정한 존중은 과장된 표현이 아니라 진심과 적절함에서 나온다.

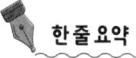 **한줄요약**

선어말 어미 '-(으)시-'를 남발하지 말자.

#45   단문

「동아일보」 1929년 4월 2일 석간 2면 기사

平壤署活動(평양서활동)
怪日人檢擧(괴일인검거)
피무든칼기타를압수취됴
京城强盜인嫌疑濃厚(경성강도인혐의농후)

지난달삼십일오전령시경 평양경찰서에서는
돌연이부내황금뎡黃金町팔천대관八千代館이라는
일본려관을습격하야 어떤 일본청년한명을
톄포하는동시에 그가가지고잇든
여자의복이잔득찬 큰가방두개와 뎐당표닐곱장,
피무든단도두개, 쇠ㅅ줄쓴는 집게등속을
압수한후방금엄중히취됴중인바 아즉자세한 것은
알수업스나 그는자칭일본산구현山口縣출생의사옥
명작土屋明作(三一)으로서지난달이십이일에평양에와
서그동안몃곳에서 절도질을 한 것은자백하얏스나
여죄가 만흘듯할뿐아니라 경성에서
강도질을한혐의가 농후하야 취됴를계속중이며
공범이잇슬듯하야 방금수색중이라더라.

글에도
다이어트가 필요해!

앞의 예문은 1929년 4월 2일 자 「동아일보」에 실린 기사이다. 표현과 단어가 익숙하지 않은 것을 감안하고 읽더라도 무슨 말을 하는 것인지 이해하기 어렵다. 90개가 넘는 단어를 띄어쓰기도 거의 없이 한 문장으로 길게 썼기 때문이다. 『동아일보 80년사』에 따르면 1920년대의 기사는 하나의 기사가 하나의 문장으로 구성되는 장문의 형식을 보이는 것이 큰 특징이었다고 한다.

『대통령의 글쓰기』로 유명한 강원국 작가는 '깔끔하게 문장을 쓰는 10가지 방법'의 첫 번째 필살기를 '단문으로 쓴다'로 꼽았다. 우리말의 단문이란 주어 하나와 서술어 하나로 이루어진 가장 단순하고 기본적인 유형의 문장을 말한다. 문장 속에 다시 작은 문장이 포함된 복문이나 둘 이상의 절이 이어진 중문과 대립되는 개념이다.

단문으로 쓰는 것에는 여러 가지 장점이 있다. 우선 단문은 쓰기가 쉽다. 주어와 서술어의 기본 구조에 목적어나 보어를 더하면 완성된다. 두 번째로 단문은 독자의 집중력을 유지하는 데 도움이 된다. 단문으로 쓰면 독자들이 내용을 빠르게 파악하고 쉽게 이해할 수 있다. 세 번째, 간결한 문장은 핵심 메시지를 더욱 효과적으로 전달한다. 불필요한 단어를 제거하고 중요한 정보를 부각함으로써 메시지의 효과를 높일 수 있고, 오해를 불러일으킬 염려도 없다. 또 단문으로 쓰면 불필요한 단어나 표현을 자연스럽게 제거하게 되고, 문법에 어긋날 일도 거의 없다. 한 문장 안에서 주어가 두세 개 섞여 헷갈릴 일도 없고, 행위의 대상이 되는 목적어를 잃어버려 헤맬 필요도 없다.

짧은 문장이 무조건 좋은 글은 아니다. 적절히 사용해야 효과를 발휘한다. 하지만 위의 장점들을 고려하면, 단문은 글쓰기의 강력한 도구임이 틀림없다. 문장을 쓴 뒤에는 끊어서 쓸 수 있는 곳이 있는지 검토하자. 길게 늘어진 문장이 있다면 짧고 단순한 단문으로 바꾸자. 예시로 든 신문 기사를 짧은 문장으로 나누어서 다시 써 보자. 지금 내게 이 기사를 다시 쓰라고 하면 다음과 같이 여섯 개의 문장으로 끊어서 쓰겠다.

지난달 삽십 일 오전 령 시경 평양경찰서에서는 돌연이 부내 황금뎡黃金町 팔천대관八千代館이라는 일본 려관을 습격하야 어떤 일본 청년 한 명을 톄포하였다. 동시에 그가 가지고 잇든 여자 의복이 잔득 찬 큰 가방 두 개와 뎐당표 닐곱 장, 피 무든 단도 두 개, 쇠ㅅ줄 쓰는 집게 등속을 압수하였다. 방금 엄중히 취됴 중인바 아즉 자세한 것은 알 수 업스나 그는 자칭 일본 산구현山口縣 출생의 사옥명작土屋明作(三一)이다. 그는 지난달 이십이 일에 평양에 와서 그동안 몃 곳에서 절도질을 한 것은 자백하얏다. 여죄가 만흘 듯할 뿐 아니라 경성에서 강도질을 한 혐의가 농후하야 취됴를 계속 중이다. 또 공범이 잇슬 듯하야 방금 수색 중이라더라.

 한줄요약

단문은 쓰기도 쉽고 읽기도 쉽다.

#46 _____ 어순

자동차 중점 공회전 제한장소

알쏭달쏭,
도대체 어떤 단어를 꾸미는 걸까?

출근길 사무실 근처 담벼락에 "자동차 중점 공회전 제한 장소"라고 쓰인 안내문이 붙어 있는 것을 보았다. 저게 무슨 소리지? 자동차 공회전 제한에 중점을 두어야 할 장소라는 뜻인지, 공회전에 중점을 두라는 말인지 알기 힘들었다. 허용 시간을 초과해서 공회전을 하면 단속될 수 있다는 설명이 이어지는 것을 보니 중점 단속 장소일 수도 있다는 생각도 들었다. 아래 본문의 '제한장소'와 '공회전시'는 각각 독립된 명사로 이루어진 말이니 '제한 장소'와 '공회전 시'로 띄어서 쓰는 것이 맞춤법에 맞다.

표준국어대사전에 따르면 '중점'의 뜻은 "가장 중요하게 여겨야 할 점"이다. 안내문의 중점 뒤에는 공회전, 제한, 장소라는 세 개의 단어가 있다. 중점이 꾸미고 있는 단어가 무엇인지 궁금해서 하나씩 대입해 보았다. '중점 공회전', '중점 제한', '중점 장소' 중 '중점'을 앞에 붙였을 때 가장 자연스러운 단어는 '제한'이다. 하지만 직관적으로 이해하기 쉬운 조합은 '중점 단속'이다.

서울시 홈페이지에 들어가 보니 서울시 '자동차 중점 공회전 제한장소 지정 공고'의 '공고 번호 부여 요청' 결재 서류가 공개된 정보로 올라와 있다. 서울특별시 자동차 공회전 제한에 관한 조례 제3조 규정에 의거 학교환경위생정화구역 등 자동차의 공회전을 특별히 제한할 필요가 있는 장소를 중점 공회전 제한 장소로 지정하고 공고하기 위해 공고 번호 부여를 요청하오니 처리하여 주기 바란다는 내용이다. 중점이 꾸미는 말은 '제한 장소'일 가능성이 크다.

굳이 저렇게 함께 써서 어색하고 뜻도 분명하게 이해할 수 없는 단어를 나열해야 했을까? 차라리 '중점'을 빼고 간단하게 '자동차 공회전 제한 장소'라고 쓰는 것이 훨씬 더 명확하게 의미를 전달할 수 있었을 텐데 하는 아쉬움이 든다. 꼭 쓰려면 어순을 바꿔서 '공회전 중점 제한 장소'라고 쓰는 게 나았다. 만약 나에게 저 공고문을 쓰라고 했다면 나는 "공회전 제한 장소입니다. 제한 시간을 초과하여 공회전 하면 경고 없이 단속될 수 있습니다."라고 썼을 것이다.

문장을 쓴 뒤에는 필요 없는 단어가 들어 있는지 살펴보자. 문학적인 장치로 쓴 것이 아니라면 빼도 뜻이 통하는 단어는 과감히 삭제하자. 그리고 수식어는 바로 뒤의 단어를 수식할 수 있도록 배치하자. 특히 안내문이나 설명문은 단순하고 쉬워야 말하려고 하는 내용을 충실하게 전달한다.

한줄요약

꾸미는 말인 수식어는 꾸며지는 대상 바로 앞에 둔다.

6장

내 문장의 기초 체력:
매일 조금씩
글 근육을 키우자

다음 줄을 부르는
힘을 키우는
들여다보고, 반복하고,
다시 빚는 시간들

#47 _____ 읽기

독서는 초능력

미국 아동 도서 주간_포스터_2021

읽기가 먼저다

미국의 아동 도서 주간Children's Book Week은 1919년 시작된, 미국에서 가장 오래되었으며 전국적인 어린이 독서 장려 캠페인이다. 매년 5월과 11월에 개최되어, 학교, 도서관, 서점은 물론 온라인에서도 다양한 행사가 열린다. 또 해마다 새로운 슬로건과 일러스트로 꾸민 포스터를 선보이는데 2021년의 슬로건은 'Reading is a Superpower', 곧 '독서는 초능력'이었다. 영화 속 슈퍼맨처럼 강한 힘을 가지게 해 주는 책 읽기의 혜택을 강조한 슬로건이다. 책을 읽는다고 해서 물건을 드는 힘이나 싸움에서 이기는 힘이 생기는 것은 아니다. 하지만 독서는 인간의 지적·정서적 역량을 높여 주는 초능력이라는 말에 반대할 사람은 없을 것이다.

다양한 연구에 따르면 독서는 알츠하이머 발병 위험을

낮추고, 청소년기의 뇌 용적을 증가시키고, 학업 성적과 창의성을 높여 준다고 한다. 예일 대학교의 한 연구는 규칙적으로 책을 읽는 사람이 독서를 하지 않는 사람보다 평균 2년 더 오래 산다고 밝혔다. 독서는 또 진정 효과가 있어서 스트레스 호르몬인 코르티솔을 감소시키고 혈압을 낮추는 효과를 불러오기도 한단다. 이 정도면 책 읽기를 만병통치약이라고 불러도 되겠다.

그러나 독서라는 만병통치약을 복용하는 사람은 점점 줄어들고 있다. 문화체육관광부의 국민독서실태조사의 결과를 보면 우리나라 성인의 연간 종합독서율은 해마다 최저치를 갱신하고 있다. 2023년에는 성인 10명 중 6명이 1년 동안 책을 한 권도 읽지 않은 것으로 나타났다.

쓰려고 하는 사람에게 책 읽기는 무엇보다 중요하다. 쓰기 전에 먼저 읽어야 한다. 읽어야 쓸 수 있다. 읽지 않는 사람은 절대 잘 쓸 수 없다. 유명한 작가들이 습작하던 시절에 존경하는 다른 작가의 작품을 열심히 읽고 필사까지 했다는 일화는 흔하다. SNS에 올라온 글을 읽는 것은 독서가 아니다.

프랑스 최고 권위의 문학상인 콩쿠르상을 수상한 작가 파스칼 키냐르는 이렇게 말했다. "나는 원래 한 명의 독자이다. 내게는 평생의 열정인 독서가 마법의 양탄자여서 내가 시간과 공간을 넘나들 수 있게 해 준다. 나는 매일 글을 쓰지는 않지만 매일 책을 읽는다." 또, 노벨 문학상에 빛나는 한강 작가는 "저는 쓰는 사람이기 전에 읽는 사람이라고 느낍니다. 고단한 날에도 한 문단이라도 읽고 잠들어야 마음이 편안해집니다."라고 「매일경제」와의 인터뷰에서 밝혔다. 전 세계가 인정하는 두 작가의 말에, 쓰기 전에 읽어야 하는 이유가 있다.

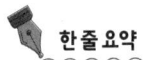 **한 줄 요약**

하루에 한 줄이라도 읽는 습관을 갖자.

#48 낯설게 보기

KCC클렌체_TVCM_창, 삶의 격을 높이다_2022

아침 일곱 시 집
햇살, 기분 좋은 알람이 되다

오후 한 시 집
창이 열리면 마음도 열리니까
창 잘했어요

저녁 다섯 시 집
문이 닫히면 공연이 시작되고

밤 열 시 집
물 흐르듯 하루가 흘러갑니다

창, 삶의 격을 높이다

익숙한 것을
낯선 시선으로 보기

써야 할 글이 있는데 쓰기 싫을 때 아무것에도 방해받지 않는 멋진 집필실을 상상하곤 한다. 눈만 들면 바다가 보이는 커다란 통창 아래 편백나무 책상이 있다. 직박구리 울음소리가 음악처럼 들리고 정원의 장미 향기가 산들바람에 실려 들어온다. 그 책상 앞에 예가체프 커피를 내린 머그잔을 들고 모니터를 들여다보는 내가 있다. 그런 공간이 있다면 노벨 문학상 수상작까지는 아니더라도 베스트셀러 한 권쯤은 쓸 수 있을 것 같다. 그러나 내겐 그렇게 근사한 집필실이 없다. 베스트셀러를 쓰지 못하는 핑계가 되니 얼마나 다행인지 모르겠다.

사실 나는 많은 원고와 카피를 거실이 마주 보이는 식탁 위에서 썼다. 식탁에서 밥 대신 노트북을 보다가 고개를 들면 매일 생활하는 거실이 가끔은 24시간 변신하는 마법의 공간처럼 보였다. 마감에 쫓겨 할 수 없이 앉아서 쓰다가 눈을 돌려 벽시계를 보면 시계의 큰바늘과 작은바늘이 훌쩍훌쩍 자리를 옮겨 가 있고, 햇살의 밝기가 달라져 있었다.

'클렌체'라는 KCC의 창호 브랜드 광고가 있다. 집의 24시간을 콘셉트로 만들어진 영상인데 아침 일곱 시, 오후 한 시, 저녁 다섯 시, 밤 열 시 각각의 시간대별로 바뀌는 집의 분위기를 한 편의 시처럼 들려준다. 어쩌면 어느 집에나 있는 가장 평범한 거실 풍경인데, 시간을 특정해서 변화하는 모습을 묘사하니 시를 읽는 느낌이 든다.

나도 광고를 흉내 내서 우리 집의 거실 풍경을 시처럼 적어 본다.

아침 일곱 시, 우리 집.
매미 소리가 방충망을 뚫고 들어온다.
침대는 한밤중보다 더 포근하게 사람을 유혹한다.

오후 한 시, 우리 집.
한없이 창밖을 쳐다보는 고양이.
햇살 받으며 너울너울 내려앉는 고요.

저녁 다섯 시, 우리 집.

소파와 싱크대가 기지개를 켠다.

주인 몰래 사람의 말을 하던 에어컨과 텔레비전이 수다를 멈춘다.

밤 열 시, 우리 집.

커튼을 닫으니 눈꺼풀도 닫히기 시작한다.

가끔 술 따르는 소리, 가끔 음악 소리, 가끔 책장 넘기는 소리.

글 속에서는 구차한 일상이 덕지덕지 붙어 있는 우리 집의 모습이 영화의 한 장면으로 변한다. 가장 가까이 있는 것을 자세히 관찰하고 시간에 따라 달라지는 모습을 써 보자. 똑같은 일상이 새로운 것으로 변하는 놀라운 경험을 하게 될 것이다.

 한줄요약

내 방의 24시간, 우리 집의 하루를 타인의 시선으로 관찰하고 짧은 문장으로 적어 보자.

#49 _____ 관찰

자세히 보아야
예쁘다

오래 보아야
사랑스럽다

나태주 저_「풀꽃」 중_『쪼금은 보랏빛으로 물들 때』_시학_2005

쉽고도 어려운
'자세히'와 '오래'

 50년 넘게 시를 쓰고 있는 나태주 시인은 시가 무엇이냐는 질문에 "시는 없던 것을 만들어 내는 것이 아니라 이미 있는 것을 발견하는 것이다."라고 대답한다. 자신은 사람들이 쓰레기인 줄 알고 버린 마음의 보석들을 주워서 시를 쓴다고 말한다. 그리고 자세히 보고 오래 보아야 그 보석을 발견할 수 있다고 이야기한다. 그 '오래 본다'라는 것은 한두 시간 정도가 아니라 10년, 20년 이상 오랜 시간 동안 인생을 들여다보는 것이라고도 덧붙인다.

 그렇게 오래 들여다보고 자세히 관찰해서 탄생한 시가 전 국민의 애송시라고 해도 될 만한 「풀꽃」이다. 풀꽃엔 화려한 색깔이 없다, 유혹적인 향기도 없다. 하지만 자세히 오래 보면 무심코 지나쳤던 풀꽃의 어여쁨이 눈에 들어온다. 많은 사람이 알아보지 못하는 풀꽃의 아름다움을 알아챈 순간 감동적인 시가 태어났다. 나태주 시인의 시는 짧다. 어려운 단어도 없다. 길이는 짧은데 여운은 길다. 어렵지 않은데 쉽게 잊히지 않는다. 그는 우리가 무심코 지나치는 것에서 '보석'을 발견하고 그것을 글로 옮겨 적는다.

글을 잘 쓰는 방법 중 하나는 바로 자세히 들여다보고 오래 바라보는 것이다. 쉬운 것처럼 보이지만 실천하기는 쉽지 않다. 잠깐 보고 마는 것이 아니라 오랜 세월을 관찰하려면 인내와 끈기가 필요하다.

퇴근길에 매일 지나치는 나무 한 그루를 정해서 월요일마다 그 나무에 대해서 서너 줄 적어 보자. 사진을 찍고 이름을 지어 주고 나무가 하는 말을 상상해 보자. 1년쯤 계속하는 것이 중요하다. 같은 나무라도 계절의 변화에 따라 내 마음의 상태에 따라 다른 모습, 다른 이야기로 다가올 것이다. 꼭 나무일 필요는 없다. 지하철 역사의 풍경을 써도 괜찮고, 매일 커피를 사는 커피 전문점의 인상을 적어도 좋다.

나태주 시인은 「풀꽃 2」라는 시에 "이름을 알고 나면 이웃이 되고 색깔을 알고 나면 친구가 되고 모양까지 알고 나면 연인이 된다"라고 적었다. 한 대상을 정해 그에 대해 주기적으로 쓰는 일을 1년쯤 하고 나면 그 대상이 친구나 연인으로 변하는 사건이 일어날지도 모른다. 그리고 어느새 세상에 버려진 보석을 주울 수 있게 된 자신을 발견하게 될 것이다.

 한줄요약

주변의 사물과 사람을 자세히 오래 들여다보면 뜻밖의 글감을 발견하게 된다.

#50 _____ 밑줄 긋기

외로울 때는
동사무소에 가자
서류들은 언제나 낙천적이고
어제 죽은 사람들이 아직
떠나지 못한 곳

이장욱 저_「동사무소에 가자」 중_『생년월일』_창비_2011

밑줄 긋고 흉내 내기

 이장욱 시인의 시 「동사무소에 가자」 첫 줄을 읽으며 눈이 번쩍 떠졌다. 외로울 때 동사무소에 가자니, 누구도 쉽게 상상하지 못할 기발한 외로움 처방전이 아닌가 하고 말이다.
 만약 나라면 어떻게 쓸까, 상상의 날개를 편다. 외로울 때는 어디로 가자고 써야 고정관념을 벗어나면서도 그럴듯한 문장이 될까? 외로울 때는 바다에 가자? 너무 뻔하다. 영화관에 가자? 흠, 좀 낫지만 혼자 컴컴한 영화관에 앉아 있으면 더 외로워질 것 같다. 남대문 시장에 가자? 웃음을 떨이하는 곳, 검정 비닐 봉투에 행복을 덤으로 담아 주는 곳. 이렇게 쓰니 좀 더 그럴듯해진다. 더 괜찮은 건 없을까? 외로울 때는 삼거리 사진관에 가자. 사진관은 언제나 친절하고, 외로운 내가 외롭지 않은 척 활짝 웃는 곳! 시인 흉내 내기 놀이에 빠져 외로

움도 잊었다. 좋아하는 시를 저장해 둔 파일을 열어 이장욱 시인의 시를 추가했다. 보물 상자가 두 배로 가득 찬 기분이다.

나는 책을 읽다가 마음을 울리는 문장을 만나면 밑줄을 긋는다. 영화나 드라마를 보다가 인상적인 대사를 들으면 적어 둔다. 책 전체를 베껴서 쓰지는 못하지만 시를 손으로 필사하는 일은 자주 한다. 유명한 작가들도 습작 시절에 '필사'의 경험이 있는 경우가 흔하다는 얘기는 이미 앞에서 밝혔다. 윤동주 시인은 백석의 시를 필사했다고 하고, 헤밍웨이는 "좋은 문장을 쓰고 싶다면 좋은 문장을 필사하라"고 조언했다고 전해진다.

요즘은 포털 사이트의 검색 기능이 있어서 얼마나 편리한지 모르겠다. 스쳐 지나가듯 들은 대사나, 생각이 날 듯 말 듯한 문장이라도 기억나는 부분만 타이핑해 넣으면 거의 정확하게 내가 찾는 것을 보여 준다. 그렇게 찾은 대사와 밑줄 그은 문장을 교보문고에서 만든 독서 기록 앱인 '리드로그'와 같은 문장 아카이빙 플랫폼에 기록한다. 카피나 원고를 쓰다가 막히면 앱을 열어 내가 감탄하며 줄을 친 문장들을 훑어보며 영감을 얻는다.

글을 쓰려면 먼저 읽어야 한다. 읽다 보면 쓰고 싶은 생각이 들기도 한다. 읽다가 마음에 드는 문장이 있으면 따로 적어 나만의 '문장 보물 상자'를 만들자. 예쁜 공책에 손으로 적어도 좋고, 노트북이나 패드에 파일로 저장해도 좋다. 앱을 사용하는 것도 한 방법이다. 애써서 문장을 수집한 뒤에는 그 문장을 흉내 내서 같은 듯 다른 새로운 문장을 만들어 보자. 그것을 인용해서 글을 쓸 수도 있다. 신중하게 골라 모은 문장들은 내 글을 풍요롭게 해 주는 비장의 아이템이 될 것이다.

한줄요약

마음에 드는 문장을 모아 두는 '문장 보물 창고'를 만들자.

#51 _____ 비틀기

SSG = ㅅㅅㄱ = 쓱
헬로(hello)를 뒤집어 올레(olleh)

SSG닷컴_영상 광고_2015

KT_영상 광고_2009

똑바로만 보지 말고
삐딱하게 때로는 거꾸로

신세계 그룹의 온라인 쇼핑 사이트를 하나로 묶은 온라인 복합 쇼핑몰 SSG.COM은 '쓱'이라는 부사 한 글자로 매출을 20%나 끌어올린 광고를 만들었다. 이 광고의 기발함은 단순한 초성 'ㅅㅅㄱ'을 활용해 브랜드의 정체성을 효과적으로 전달한 데 있다.

'쓱'이 어떻게 탄생했을까 상상해 본다. 우선 SSG.COM이라는 이름은 신세계의 영문 표기 'Shin-Se-Gae'의 앞 글자만 따서 만들어졌을 것이다. 카피라이터는 같은 논리로 신세계의 한글 초성 'ㅅㅅㄱ'만 떼어 놓고 이런저런 궁리를 했을 것이다. 'ㅅㅅㄱ'에 열 개의 모음을 붙여서 '싹 쌱 썩 쎅 쏙 쏰 쑥 쑦 쓱 씩'이라는 글자를 써 보고, 그중에 '쓱'이 복합 쇼핑몰인 SSG.COM의 성격에 가장 잘 맞는다고 생각했을 것이다.

'쓱'은 빨리 지나가는 모양, 넌지시 슬쩍 행동하는 모양 등을 뜻하는데, SSG.COM의 편리함과 신속함을 함축적으로 표현할 수 있는 부사이다.

'쓱' 캠페인은 매출과 신규 유입 고객을 늘리는 데 기여한 것은 물론이고 수많은 광고상을 받고, 다양한 패러디 광고를 낳으며 지금까지 살아남아 있다.

비슷한 사례는 KT의 통신 서비스의 이름인 '올레'에서도 찾을 수 있다. KT는 누구나 '다 그렇지'라며 무심코 지나쳤던 낡은 생각들을 한번 뒤집어 생각하는 역발상, 창의력과 혁신 정신을 표현하기 위해 'hello'를 뒤집어 'olleh'로 만들었다고 밝혔다. KT가 정의하는 올레는 세상에 없는 단어인데 KT는 올레를 "감탄사 위에 있는 최상의 감탄사"라고 광고했다. 다양한 올레 서비스를 경험한 소비자들이 "올레!" 하며 감탄사를 내뱉게 될 것이라고 자랑했다. 처음 봤을 때는 '도대체 저게 뭔 말장난이야?' 했는데 16년째 듣다 보니 올레라는 단어가 어느새 익숙해졌다.

새로 광고할 제품을 만나면 나는 먼저 제품이나 브랜드의 이름을 해체해서 써 본다. 거꾸로 써 보기도 하고 한두 글자를 바꿔서도 적어 본다. 제품 이름과 두운이나 각운이 같은 단어를 사용한 슬로건이나 헤드라인을 만들기 위해, 첫 글자가 같은 단어와 마지막 글자가 같은 단어를 검색해 살펴본다. 이 과정에서 막연했던 생각이 조금씩 형태를 갖추기도 한다. 예를 들어 '문'을 들여다보면 '곰'이 보인다. 이 정도는 누구나 금방 알 수 있다. 한 발 더 나아가 보자. 문을 거꾸로 쓰니, 문을 열고 들어오는 곰이 보이고 그 곰과 함께하는 모험이 펼쳐진다. 그 모험을 열 줄로 쓰면 내가 처음 쓴 동화가 될 것이다.

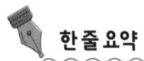
한줄요약
풀어 쓰고 거꾸로 쓰면 색다른 문장이 따라온다.

#52 _____ 사전

결혼이란 사랑하는 두 사람이,
서로를 이해하고 싶어 하며
함께 나이를 먹고,
서로의 변화를 소중히 여기면서도,
결국 완전히 이해할 수 없다는 사실을
알게 되는 삶의 과정.

일본 드라마 「지속 가능한 사랑입니까?」_10화_2022

사전 없이 쓰는 글은
GPS 없는 지도 앱!

2022년 일본의 민영 방송인 TBS에서 방영된 드라마「지속 가능한 사랑입니까?」의 주인공은 요가 강사인 딸 쿄카와 사전 편찬자인 아버지 린타로이다. 63세의 린타로는 아내와 사별했고 33세인 쿄카는 결혼에 관심이 없다. 이 드라마는 린타로가 본인과 딸을 결혼 정보 회사에 등록하고 새로운 동반자 찾기에 나서면서 벌어지는 '현대 가족의 성장과 재도전'에 대한 이야기이다.

드라마에서 내 눈길을 끈 것은 부녀의 좌충우돌 연애사가 아니었다. 사전 편찬자 린타로가 보여 주는 단어에 대한 열정이었다. 린타로는 신조어와 기존 단어의 의미를 재정의하는 작업을 통해 언어와 삶의 변화를 성찰한다. 새로운 단어를 들으면 그는 어린아이 같은 순수한 관심을 나타낸다. 당장 펜과

종이를 꺼내 그 단어를 적고 뜻을 묻는다. '썸 타다', '부모 뽑기親ガチャ' 같은 신조어를 어떻게 사전에 수록할지 고민한다.

드라마의 1화에서 부녀는 결혼의 의미에 대해 대화를 나눈다.

> "아빠, 결혼이 뭔데? 사전에서 뭐라고 정의해?"
> "사전마다 다르지. 보자, 남녀가 부부가 되는 것."
> "바보의 의미를 멍청이라고 설명하는 것 같잖아.
> 아빠라면 결혼의 의미를 뭐라고 설명할 거야?"
> "아직 모르겠어. 그래도 결혼은 해야지."

결혼의 의미를 모르겠다고 말하면서도 딸에게 결혼을 하라고 권하던 아빠는 드라마의 마지막 회에 이르러 결혼을 새롭게 정의한다. '사랑하는 남녀가 정식으로 함께 생활하게 되는 것'이라는 상투적인 정의를 타이핑했다가 지우고, 결혼이란 '사랑하는 두 사람이, 서로를 이해하고 싶어 하며 함께 나이를 먹으며 오래 함께 살아도, 결국 완전히 이해할 수 없다는 사실을 알게 되는 삶의 과정'이라고 결론 내린다. 이는 사전에 실리는 단어의 정의가 고정된 것이 아니라 사회적 맥락과 개인의 경험을 반영하고 시대와 함께 변화한다는 것을 보여 준다. 영어권에서 가장 권위 있는 사전인 『옥스포드 영어사전』은 2000년 온라인 사전 체제로 전환한 이후 3개월마다 새로운 어휘를 추가하고, 기존 항목도 주기적으로 업데이트한다. 사전이 시대를 반영하는 살아 있는 예라 할 수 있다.

    사전을 가까이하면 애매하던 생각을 나타낼 정확한 단어를 찾을 수 있다. 같은 뜻을 풍부하게 표현할 다양한 단어를 알 수 있다. 나아가 새로 등장한 트렌드와 사라진 유행을 알 수 있다. 글쓰기에서 사전은 단순한 도구가 아닌, 창작의 동반자다. 사전을 찾아보는 일을 게을리하지 말자.

사전을 자주 찾을수록 내 문장은 정확하고 풍요로워진다.

#58 _____ 손글씨

**종이와 펜을 앞에 두면,
사람은 조금 솔직해질 수 있다.**

"삐빅." 휴대폰에 메일이 도착한다.
고개를 살짝 숙인 듯한 이모지와 "미안"이라는 글자.
미안, 좀 늦을 것 같아. 미안, 빌린 책을 깜빡했어.
솔직하게 말할 수 있는 귀여운 "미안".
하지만, 매일 살아가다 보면 "미안"이라는 말이
단순한 의미만 갖는 건 아니다.
작은 오해로 마음이 엇갈릴 때도 있고,
날카로운 말로 누군가를 상처 입힐 때도 있다.
메일로 전하기만 해서는, 부족한 "미안"이 있다.
그럴 때는, 하얀 종이와 펜을 꺼내자.
멋진 말은 필요 없다.
편지지 한가운데에 "미안" 한마디만 적어도
괜찮다.
그 마음은, 분명히 전해지니까.
이모지가 없어도, 손글씨는 분명히 전해지니까.

파이롯트_기업 광고_2010

디지털 디톡스를 위한
손글씨 처방전

 나에겐 오래된 상자가 하나 있다. 1년 내내 열어 보지 않을 때도 있는 상자다. 천덕꾸러기처럼 거들떠보지 않을 때가 더 많은 상자인데, 여러 나라를 돌아다니며 살 때도 버리지 않고 끌고 다녔다. 그 안에는 까마득히 잊은 친구의 이름이 있고, 가물가물해진 기억이 있고, 떨렸던 고백이 있다. 삐뚤빼뚤한 연필 자국과 매끄러운 볼펜의 흔적, 컬러 수성펜의 알록달록한 문장이 있다. 상자 속의 물건은 바로 초등학생 때부터 지인에게 받은 카드와 편지, 엽서들이다.

 휴대 전화의 문자 메시지나 이메일이 없던 아득한 시절, 괜히 누군가 그리운 마음이 들면 편지지를 펼쳤다. 좋아하는 마음을 살짝 숨긴 안부 편지를 썼다, 좋아하는 노래 가사를 적었다. 읽고 있는 책에 대해 쓰기도 했다. 편지를 부치고 1주일쯤 기다리면 편지를 받은 친구의 답장이 집에 도착하곤 했다. 어떨 때는 그림엽서를 써서 매일 보는 친구의 책상 위에 놓아두기도 했다. 다음 수업 시간이 끝나면 내 책상 위에 그 친구의 답장이 놓여 있었다. 그렇게 받은 편지들을 차마 버릴 수 없어서 상자 안에 담았다.

이제는 손으로 편지를 쓰는 일이 거의 사라졌다. 즉각적인 '읽음'과 답장이 가능한 디지털 메시지가 있기 때문이다. 온라인 소통은 빠르고 편리하다. 하지만 그만큼 가볍고, 쉽게 사라진다. 반면 펜으로 한 글자 한 글자 적어 내려가는 손글씨는, 느린 만큼 더 많은 생각과 감정을 담는다. 앞에서 예로 든 파이롯트 만년필의 광고는 문자 메시지나 메일 대신 손글씨로 써서 보내는 '미안'의 진정성을 잘 표현하고 있다.

손으로 글을 쓰면 뇌의 더 많은 영역을 사용하는 심층적인 뇌 활동을 하게 된다고 한다. 내게 닥친 문제에 대해 손으로 직접 쓰면, 그 문제와 감정적 거리를 만들어서 문제를 더 명확하게 볼 수 있다. 또 기억력과 이해력, 창의력과 집중력이 향상된다는 연구 결과도 있다. 어떤 사람들은 손글씨가 '더 깊은 감정 전달'과 '관계의 회복'에 탁월한 효과가 있다고 말한다.

일기도 좋고 편지도 좋다. 그냥 낙서라도 상관없다. 쓸

거리가 없으면 남의 글을 필사하는 것도 좋다. 연필이나 펜을 들고 손으로 글을 써 보자. 키보드를 두드릴 때와는 전혀 다른 문장이 종이 위에 나타날 것이다.

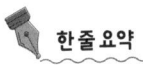
한 줄 요약

손글씨는 내 마음을 천천히 들여다보게 한다.

#54 _____ 공간

모든 일들이 다 특별한 일인 것처럼 떠오른다.
단순하게 산 것 같았지만 꽤나 복잡하게 삶을
운영하고 있었다. 이 모든 일들은 가파도로 가게
되면 취소되거나, 축소되거나, 변형될 것이다.
그래도 괜찮나? (중략) 아이고, 내 인생 가볍지
않구나. 어쩌지?

김경윤 브런치스토리_『가파도 매표소 직원일기 12월』

낯선 장소가 낯선 문장을
데려다줄지도 몰라

　사람은 잘 안 바뀐다. 유전 때문인지, 환경 때문인지는 모르겠지만 성인이 될 때까지 몸에 쌓이고 스며든 습관이나 성격이 바뀌는 경우가 흔한 일은 아니다. 새해를 맞아 다르게 살겠다고 결심을 하고, 일기장에 다짐을 적어도 달라지는 일은 드물다.

　다른 삶을 살고 싶다면 사는 시간을 바꾸든지, 사는 공간을 바꾸든지 아니면 만나는 사람을 바꾸라는 조언을 어디선가 읽은 적이 있다. 맞는 말이다. 아침 아홉 시에도 겨우 눈을 뜨는 내게 새벽 여섯 시는 지구 반대편만큼이나 다른 느낌으로 다가온다. 새벽 여섯 시라면 어제까지와는 다른 내가 될 수 있을 것 같다.

　장소를 바꾸는 것도 아주 좋은 선택이다. 다른 나라의 낯선 장소로 가거나 우리나라의 다른 도시로 가서 며칠이라도 지낼 수 있다면, 지금까지 몰랐던 다른 모습의 나를 발견할 수도 있다.

우연히 기회가 닿아 청보리로 유명한 제주도의 부속 섬 가파도에서 고양이를 돌보며 한 달을 살았던 작가가 있다. 고양이 집사로 한 달 살았던 것이 인연이 되어 2년째 가파도 선착장의 매표소 직원으로 일하고 있다. 거기서 그이는 '1년에 130만 원짜리 달팽이집을 얻어 고양이 세 마리와 살고', '평상시에는 배표를 팔고, 책을 읽고 글을' 쓰며 지낸다. 가파도에 머무는 동안 카카오의 글쓰기 플랫폼 '브런치스토리'에 가파도 일기를 꾸준히 연재하고 있고, 『장자를 거닐다』라는 단행본을 '가파도에서 만난 고전의 지혜 33편'이라는 부제를 달아서 출판했다. 예순이 될 때까지 살던 육지를 떠나 들어간 섬이라는 공간이 그의 글에 새로운 변화를 가져왔을 게 분명하다.

지금 내가 사는 장소와 일을 떠나 새로운 장소에서 한 달 살기나 1년 살기를 하는 것이 아무에게나 가능한 일은 아니다. 대신 주말에라도 익숙한 집을 벗어나 가 본 적 없는 동네를 걸어 보자. 걷다가 아늑해 보이는 카페가 보이면 들어가 차 한 잔을 마시며 태블릿을 열고 글을 쓰는 거다. 휴대 전화를 열고 친구에게 용건 없는 문자 메시지를 보내도 좋다. 휴가를 떠날 때는 글을 쓸 수 있는 노트북이나 연필과 공책을 챙겨 가자. 휴가의 매일을 기록해도 좋고, 두고 온 이들에게 편지를 써도 좋다. 처음 만난 장소에서 지금까지와는 다른 나, 내가 쓴 것 같지 않은 문장을 발견하는 기쁨을 누려 보자.

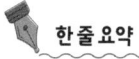 **한줄요약**

쓰는 장소를 바꾸면 다른 문장이 나온다.

#55 _____ 꾸준함

세상을 바꾸는 시간, 15분

CBS_「세상을 바꾸는 시간, 15분」 홈페이지 첫 화면_2025

세바시, 15분?
글바시, 15분!

'세바시'라는 줄임말로 불리는 「세상을 바꾸는 시간, 15분」은 다양한 영역의 강사들이 트렌드, 교육, 경제, 청년, 평화 등 여러 주제로 '15분' 동안 이야기하는 강연 프로그램이다. 2011년 6월부터 CBS에서 방영되기 시작했고 2025년 현재 2,000회가 넘게 방송되었다.

세바시 홈페이지의 프로그램 소개를 보면 15분이 어떤 시간인지 알 수 있다. 15분은 '복잡한 도심에서 놓친 버스를 기다리는 시간, 출출한 늦은 밤에 라면을 하나 끓여 먹는 시간, 빈둥거리며 잡지를 뒤적이는 시간'일 수 있다. 그렇게 잠깐인 15분은 희망을 이야기하는 강연을 듣고, 강연자의 생각과 아이디어에 공감하고 공유하는 시간이 될 수도 있다. 그 공감이 모여서 쌓이면 세상의 변화가 시작되기도 한다. 15분은 짧지만 새로운 물결을 일으키기에 충분히 긴 시간이다.

글쓰기도 마찬가지다. 매일 아니 1주일에 한 번만이라도 15분을 오롯이 글쓰기에 집중한다면 1년 뒤에는 놀라운 결과를 얻을 수 있을 것이다. 지금 당장 15분 글쓰기에 도전해 보자. 휴대 전화의 타이머를 15분으로 설정하고 펜을 들거나 키보드를 두드리는 거다. 주제나 방향이 없어도 상관없다. 그냥 떠오르는 생각을 그대로 적는다. 중요한 것은 멈추지 않는 것이다. 아침에 커피를 마시며 느꼈던 따뜻함, 갑자기 내린 소나기를 피해 뛰었던 경험처럼 오늘 있었던 일 중에 어떤 것이든 한 가지를 정해서 써 보자. 지하철에서 마주친 낯선 사람의 이름, 나이, 직업, 성격 등을 설정하고 그 사람의 이야기를 상상해서 쓰는 것도 재미있는 방법이다. 가족이나 친구와 나눴던 대화를 재구성해서 글로 옮겨 보는 것도 좋다.

이렇게 꾸준히 15분을 쓰다 보면 평범하게 지낸 하루가 특별하고 중요한 하루로 변하는 마술이 일어나기도 할 것이다. 글쓰기에 대한 두려움이 사라지고, 세상과 사람에 대한 새로운 관점이 생겨날 수도 있다. 또 글쓰기의 소재를 찾기 위해 주변을 관찰하고, 내게 일어난 일을 기억하는 습관을 저절로 가지게 될 것이다. 15분으로 시간을 제한하고 쓰기 때문에 빠르게 생각하고 표현하는 능력도 길러지게 된다.

귀찮고 두려운 글쓰기를 즐겁고 재미있는 것으로 바꾸는 일, 매일 아니 매주 15분으로 시작하자.

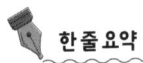 **한 줄 요약**

글쓰기를 바꾸는 15분, 꾸준히 실천하자.

#56 _____ 퇴고

"『무기여 잘 있거라』의 결말, 마지막 페이지를 내가 만족할 때까지 서른아홉 번이나 다시 썼어요."

어니스트 헤밍웨이_1899~1961

글은 쓰는 것이 아니고 고치는 것!

평소에 좋아하는 소설가가 장편 소설을 탈고했다고 해서 축하 모임을 했다. 8개월이나 작업실에서 두문불출하며 소설에만 매달렸단다. 밥하고 커피 내리는 시간이 아까워 매일 아침 김밥 두 줄을 사다가 식사를 해결하고 봉지 커피를 타서 마셨다고 했다. 매일 똑같은 김밥을 사 가니 김밥 가게 주인이 뭐 하는 사람이냐고 묻더란다. 그래서 '몸 쓰는 일'한다고 대답했더니 그다음부터는 김밥을 더 꽉꽉 힘주어 말아 주더란다. 함께 모인 이들은 장편 소설을 쓰는 건 정말 힘든 노동이라고 맞장구를 쳤다. 어쨌거나 탈고를 마쳤으니 이제 좀 쉬겠네, 했더니 웬걸? 소설가는 지금부터 시작이라고 손사래를 쳤다. 우리들과 저녁 한 끼 먹고는 바로 다음 날부터 퇴고에 들어갈 예정이라는 것이었다.

퇴고란 글을 지을 때 여러 번 생각하여 고치고 다듬는 것을 말한다. 초고를 퇴고하는 중에 원고는 어쩌면 거의 다 새로 쓰일지도 모른다. 새로운 등장인물과 에피소드가 들어가고, 있던 것이 없어질 수도 있다. 한 번 고쳤다고 끝나는 것이 아니라 작가가 만족할 때까지 몇 번이고 새로 쓰는 과정이 이어진다. 오죽하면 헤밍웨이는 『무기여 잘 있거라』의 마지막 페이지를 서른아홉 번이나 고쳤을까! 헤밍웨이 같은 거장의 문장도 한 번에 완성되지 않았다는 사실은, 평범한 사람에게 큰 위로다.

처음 쓴 문장은 거칠기 마련이다. 감정은 넘치고, 구조는 삐걱거린다. 맞춤법이 틀린 곳이 있을 수 있고 비문이 섞여 있을 가능성도 있다. 초고에는 또 필요 없는 설명, 반복된 표현이 쌓여 있기 쉽다. 감정과 논리를 정리하기 위해, 불필요한 것을 덜어 내기 위해, 독자의 눈으로 다시 보기 위해서도 퇴고가 필요하다.

퇴고의 방법은 의외로 간단하다. 가능하다면 하루쯤 시간을 두고 다시 읽고 고친다. 문자 메시지라면 전송 단추를 누르기 전에 한 번 더 읽어 본다. 처음엔 보이지 않던 오류를 발견할 것이다. 다음은 소리 내서 읽는다. 술술 읽히지 않는 글은 의미를 제대로 전하지 못한다. 그리고 내가 쓴 문장이나 단어가 꼭 필요한가 질문하고 아니라면 과감하게 지운다. 거창한 논문이나 문학 작품만 퇴고가 필요한 것은 아니다. 우리가 매일 쓰는 문자 메시지나 이메일, 회의록, 과제를 다 쓴 뒤에는 그 모든 초안을 가만히 다시 들여다보는 퇴고 과정을 거쳐야 한다. 덜어 내고, 다듬고, 단단하게 만드는 퇴고를 거치면 훨씬 더 간결하고 완성도 높은 글을 만나게 될 것이다.

 **한 줄 요약**
좋은 문장은 퇴고의 끝에서 탄생한다.

나오며

쓰기의 시대, 광고의 쓸모

원하든 원치 않든 우리는 누구나 매일 문자 메시지라도 써야 하는 '쓰기의 시대'에 살고 있다. 70대 노인도 전화를 걸기 전에 메신저로 문자 메시지를 먼저 쓴다. 쓴다는 행위는 밥을 먹고 잠을 자는 것처럼 자연스러운 일상이 되었다.

쓰기의 힘은 강력하다. 마음을 움직이는 한 줄이나, 오해나 갈등을 부르는 한 줄도 모두 쓰기의 결과다. 어떤 글은 겸손하고 다른 글은 새침하다. 어떤 문장은 추억을 불러일으키고 또 다른 문장은 내일을 꿈꾸게 한다. 쓰는 동안 글쓴이가 위안을 받을 때도 있고, 읽는 이가 감동하기도 한다.

나는 이 책을 읽은 독자들이 글쓰기를 만만하게 여기게 되면 좋겠다. 동시에 잘 쓰고 싶다는 욕심을 내게 되기를 바란다. 매일의 일상 속에서 '글쓰기 그거 별것 아니야!'라고 생각해서 쉽게 시작하고, 기왕이면 잘 쓰려는 노력을 의식하지 않고 했으면 좋겠다. 굳이 부연하면 생활 속 글쓰기가 좀 더 쉬워지고, 재미있는 것이 되기를 희망한다. 그리고 우리가 쓰는 글에 한국어 명사와 동사, 형용사와 부사가 더 다양하고 풍부하게 사용되었으면 하고 간절하게 바란다.

책에 넣을 광고를 고르고 카피를 찾으면서 사람들이 전혀 기대하지 않았던 '광고의 쓸모'를 이야기하고 있다는 생각을 했다. TV 광고가 나오면 채널을 돌리는 친구나 영상 광고가 나오는 동안 핸드폰의 화면을 바꿔 버리는 아이에게 광고에 꼭 장삿속만 있는 것은 아니라고 말하고 싶었는지도 모르겠다. 평생 광고에 기대어 밥벌이했는데, 이 책을 내며 광고에 대한 빚이 하나 더 늘었다. 고마운 일이다.

광고 카피 외에도 드라마나 영화의 대사, 여러 시인의 시구詩句, 신문 기사, SNS 포스팅에서도 이 책의 글감을 얻었다. 반짝이는 문장으로 영감을 주신 원작자들께 머리 숙여 감사드린다.

내 문장의 알파이자 오메가이며 언제나 나의 제1순위인 셰인과 채현에게 주는, 아무리 긴 글로도 다 쓰지 못할 사랑을 여기 적는다.